333 教育综合逻辑图

333 教育综合蓝皮书编写组

北京理工大学出版社
BEIJING INSTITUTE OF TECHNOLOGY PRESS

版权专有　侵权必究

图书在版编目（CIP）数据

333 教育综合逻辑图 / 333 教育综合蓝皮书编写组主编 . — 北京：北京理工大学出版社，2022.3
ISBN 978-7-5763-1156-3

Ⅰ.① 3… Ⅱ.① 3… Ⅲ.① 333 教育学 – 研究生 – 入学考试 – 自学参考资料　Ⅳ.① G40

中国版本图书馆 CIP 数据核字 (2022) 第 045030 号

出版发行 / 北京理工大学出版社有限责任公司	
社　　址 / 北京市海淀区中关村南大街 5 号	
邮　　编 / 100081	
电　　话 / (010)68914775（总编室）	
(010)82562903（教材售后服务热线）	
(010)68948351（其他图书服务热线）	
网　　址 / http://www.bitpress.com.cn	
经　　销 / 全国各地新华书店	
印　　刷 / 三河市恒彩印务有限公司	
开　　本 / 880 毫米 ×1230 毫米　1/16	
印　　张 / 8.5	责任编辑 / 孟祥雪
字　　数 / 509 千字	文案编辑 / 孟祥雪
版　　次 / 2022 年 3 月第 1 版　2022 年 3 月第 1 次印刷	责任校对 / 周瑞红
定　　价 / 42.80 元	责任印制 / 李志强

图书出现印装质量问题，请拨打售后服务热线，本社负责调换

前言

在学习、研究任何一门学科之前，对该学科的整个"知识框架"做一个宏观把握是很有必要的。教育学知识涉及古今中外的教育发展，内容繁多、体系庞大，对于很多考生来说是一个不小的挑战，因此《333教育综合逻辑图》应运而生。帮助考生在较短的时间内，对知识点进行精准把握，是我们编写这本逻辑图的初衷。为了达到这个目的，我们在以下几个方面做了努力：

一、确保知识点的全面覆盖和系统呈现。逻辑图的内容是根据《全国教育硕士专业学位研究生入学考试大纲及指南》（以下简称"大纲"）编写，包含了所规定的四门科目的所有考点。逻辑图是将零散的、不成体系的知识点，通过它们之间的内部逻辑联系有机地串联起来。让知识的呈现更具有系统性，更有助于考生的记忆与理解。

二、逻辑框架清晰，内容详略得当。"逻辑为主，框架为王"是本书的主要特色。本书逻辑清晰，层次明了，有利于考生特别是跨考考生建立自己的知识框架，从而更有效地复习；其次，本书根据历年真题的考查频率对内容进行了详略处理，对于考频较低的内容没有大量的堆砌，从而减轻考生的复习负担。

三、结合最新大纲和多版参考教材。本书根据最新大纲的内容编写并进行了相应地调整。此外，我们参考和结合了许多版本的参考教材，力求使知识点的表述更加合理，做到知识的易懂宜背和与时俱进。

四、双色彩印设计，突出重点内容。本书内容部分采用的是双色彩印设计。对于一些关键的词汇或语句我们用蓝色字体进行了标注，方便考生对重点内容给予更多的注意。另外，基于近几年333教育综合考试的变化趋势，为了帮助考生更加精准地把握命题方向和考试重难点，我们研究了诸多985、211、双一流以及重点师范院校的最新333考研真题，并根据考频标注了相应的星级，方便考生在复习的过程中更具有针对性和高效性。

总之，逻辑图与时俱进，在最新大纲的指导下，基于对真题的充分研究，并结合当前的教育学发展现状与趋势，参考了大量的教材进行编写，适合所有考333的考生。考生在阅读和使用本书时，要正确理解和领会，举一反三，学会融会贯通，切忌死记硬背。当然，即使我们做出了很大的努力，本书也难免会存在一些不足，如果在使用时遇到一些疑惑和问题，可以在QQ群（325244018）进行交流，也可以在我们的教育学蓝皮书系列反馈问卷中进行反馈。我们也会及时将回复结果更新于在线文档中。

最后，祝各位考生顺利复习，成功上岸！

333教育综合蓝皮书编写组

2022年1月

反馈问卷

在线文档

目录 Contents

第一部分　教育学基础 … 1

- 第一章　教育学概述 … 3
- 第二章　教育的概念 … 5
- 第三章　教育与人的发展 … 6
- 第四章　教育与社会发展 … 8
- 第五章　教育目的 … 10
- 第六章　教育制度 … 12
- 第七章　课程 … 14
- 第八章　教学（上） … 16
- 第九章　教学（下） … 19
- 第十章　德育 … 22
- 第十一章　班主任 … 25
- 第十二章　教师 … 26
- 第十三章　学校管理 … 29

第二部分　中国教育史 … 31

- 第一章　甲骨卜辞中的商代学校 … 33
- 第二章　西周教育制度与六艺教育 … 34
- 第三章　私人讲学的兴起与传统教育思想的奠基 … 35
- 第四章　儒学独尊与读经入仕教育模式的形成 … 39
- 第五章　封建国家教育体制的完备 … 41
- 第六章　理学教育思想和学校的改革与发展 … 44
- 第七章　早期启蒙教育思想 … 48
- 第八章　中国教育的近代转折 … 49
- 第九章　近代教育体系的建立 … 52
- 第十章　近代教育体制的变革 … 55
- 第十一章　南京国民政府时期的教育 … 60
- 第十二章　中国共产党领导下的革命根据地教育 … 62
- 第十三章　现代教育家的教育理论和实践探索 … 64

第三部分　外国教育史·················67

第一章　古希腊教育·················69
第二章　古罗马教育·················71
第三章　西欧中世纪教育·················73
第四章　文艺复兴时期的教育·················76
第五章　宗教改革时期的教育·················78
第六章　欧美主要国家和日本的教育发展·················79
第七章　欧美教育思想的发展·················86

第四部分　教育心理学·················101

第一章　教育心理学概述·················103
第二章　心理发展与教育·················104
第三章　学习及其理论·················109
第四章　学习动机·················113
第五章　知识的学习·················116
第六章　技能的形成·················119
第七章　学习策略及其教学·················121
第八章　问题解决能力与创造性的培养·················123
第九章　社会规范学习与品德发展·················126
第十章　心理健康及其教育·················128

参考文献·················129

第一部分 教育学基础

在人类历史上,最早出现专门论述教育问题的著作是我国的《学记》。1806 年,赫尔巴特出版的《普通教育学》被公认是第一本现代教育学著作,标志教育学已经成为一门独立的学科

第一章 教育学概述（一）

（一）研究对象和任务 ★
1. 对象：教育活动，包括教育现象和教育问题
2. 任务：探索教育规律；探讨教育价值；探寻教育艺术；指导教育实践

（二）产生和发展

1. 萌芽阶段：没有形成独立的学科。最早专门论述教育问题的著作是我国《学记》，比西方最早的昆体良写的《论演说家的培养》（又译《雄辩术原理》）还早三百年

2. 独立形态阶段

（1）主要特点：① 在研究对象上，教育问题成为一个专门的领域；② 在概念和范畴上，有了专门的教育概念与范畴；③ 在研究方法上，有了严谨科学的研究方法；④ 在研究结果上，有了一些重要的教育学家，出现了专门的、系统的教育学著作；⑤ 在组织机构上，有了专门的教育研究机构

（2）杰出代表
① 培根出版了《论学术的价值和发展》，首次把教育学作为一门独立的科学提出
② 夸美纽斯出版的《大教学论》是近代最早的教育学著作
③ 卢梭出版了《爱弥儿》，系统阐述了自然主义教育思想
④ 德国著名哲学家康德最早在大学开设教育学讲座
⑤ 特拉普成为德国及世界上第一位教育学教授；他出版的《教育学探讨》是第一本以教育学命名的著作，标志着作为学科的教育学基本形成
⑥ 赫尔巴特出版的《普通教育学》被公认是第一本现代教育学著作，标志教育学已经成为一门独立的学科

3. 发展的多样化阶段

（1）实证主义教育学
① 代表人物及著作：斯宾塞《教育论》
② 基本观点：反对思辨，主张科学是对经验事实的描述和记录；提出教育任务是为完满生活做准备；主张启发学生学习的自觉性，反对形式教育，重视实科教育

（2）文化教育学
① 代表人物及著作：狄尔泰《关于普遍妥当的教育学的可能》、斯普朗格《教育与文化》和利特《职业陶冶、专业教育、人的陶冶》等
② 基本观点：人是文化的存在；教育过程是历史文化过程；教育研究必须采用精神科学或文化科学的方法；教育目的是培养完整的人格

（3）实验教育学
① 代表人物及著作：梅伊曼《实验教育学纲要》和拉伊《实验教育学》
② 基本观点：反对概念思辨的教育学；把实验心理学研究成果和方法运用于教育研究，使教育研究真正"科学化"；把教育实验分三阶段：提出假设—实验计划—验证结论；教育实验要在真正学校环境和教学实践活动中进行；主张用实验、统计和比较的方法

（4）实用主义教育学
① 代表人物及著作：杜威《民主主义与教育》和克伯屈《设计教学法》
② 基本观点：教育即生活；教育即学生个体经验增长；学校是雏形社会；课堂组织以学生经验为中心；师生关系以儿童为中心；教学过程重视学生的独立发现和体验，尊重其差异性

（5）经验教育学
① 代表人物及著作：涂尔干《教育学的本质与方法》
② 基本观点：用社会学方法建立教育科学以社会事实的教育现象的客观性、实证性研究为内容；教育科学只描述教育事实，不做任何规定

第一部分 教育学基础

第一章 教育学概述（二）

（二）产生和发展 ★

3. 发展的多样化阶段

（6）马克思主义教育学
- ① 代表人物及著作：克鲁普斯卡娅《国民教育和民主主义》、凯洛夫《教育学》、杨贤江《新教育大纲》
- ② 基本观点：
  - 教育是社会历史现象，在阶级社会具有阶级性；教育起源于生产劳动
  - 现代教育的根本目的是促进学生个体全面发展
  - 教育与劳动结合是发展社会生产力的重要方法，也是培养全面发展的人的唯一方法
  - 教育与政治、经济、文化相互制约，也具有相对独立性
  - 马克思主义唯物辩证法和历史唯物主义是教育科学研究的方法论基础

（7）制度教育学
- ① 代表人物及著作：乌里和瓦斯凯《走向制度教育学》《从合作班级到制度教育学》、洛布罗《制度教育学》等
- ② 基本观点：制度本身具有教育意义；"不说话的教育制度"不是客观中立、不成问题的；首要任务是进行制度分析、干预或批判

（8）批判教育学
- ① 代表人物及著作：弗莱雷《被压迫者教育学》、鲍尔斯和金蒂斯《资本主义美国的学校教育》、布迪厄《教育、社会和文化的再生产》等
- ② 基本观点：
  - 当代资本主义学校教育是维护现实社会的不公平和不公正，造成社会差别、歧视和对立的根源
  - 学校教育的功能就是再生产出占主导地位的社会政治意识形态、文化关系和经济结构
  - 人们丧失了对不公正和不平等的"意识"；帮助教师和学生"启蒙""解放"意识；揭示背后利益关系
  - 教育现象是充满利益纷争的，教育理论研究要采用实践批判的态度和方法

4. 理论深化阶段

（1）1956年，美国心理学家布卢姆制定出教育目标的分类系统，他把教育目标分为认知目标、情感目标和动作技能目标

（2）1963年，美国心理学家布鲁纳发表《教育过程》，提出认知结构说和发现教学法

（3）1958年，苏联心理学家赞科夫在《苏联教育学》杂志中的《论教育和发展的问题》中强调，教育学要重视教育和儿童心理发展关系的研究，并明确肯定儿童发展的内因、内在矛盾在发展中的重要地位

（4）1972年，苏联巴班斯基把教学过程分为三部分：社会方面的成分、心理方面的成分和控制方面的成分；将现代系统论的方法引进教学论的研究

5. 我国的教育学发展

（1）促进教育观念和方法论的转变与更新，推动教育理论和实践的发展

（2）教育学科蓬勃发展，形成许多分支及交叉学科

（3）开展了多种教育实验，促进教育理论与教育实践的结合，推动教育实验发展

（4）涌现出一批学者型教师，他们出了许多宝贵的研究成果，增添了教育实践领域的活力

（5）广泛开展了专题研究，出版了大量有学术价值的专著

第二章 教育的概念

（一）教育概述 ★★★

1. 教育的质的特点
- （1）**有目的**地培养人的社会活动
- （2）教育者**引导**受教育者学习、传承、践行人类经验的活动
- （3）激励与教导受教育者**自觉学习**和**自我教育**的活动

2. 教育概念的界定
- （1）广义：凡是有目的地增进人的知识技能、影响人的思想品德、增强人的体质的活动
- （2）狭义：一种专门组织的不断趋向规范化、制度化、体系化的教育，指**学校教育**

（二）基本要素 ★

1. 教育者
- （1）含义：指参与教育活动、与受教育者在教学或教导上互动，对受教育者体、智、德、美、行等方面发展产生影响的人，主要指**教师**
- （2）地位：领导者、设计者、引导者，是**教育活动的主体**

2. 受教育者
- （1）含义：指参与教育活动、与教育者在教学与教导上互动，以期自身获得发展的人，主要指**学生**
- （2）地位：教育的对象和**学习的主体**

3. 教育内容
- （1）含义：指教育者引导受教育者在教育活动中学习的前人积累的经验，包括**书本知识**和**实际经验**
- （2）意义：师生教学互动共同操作的对象，引导青少年学习与发展成人的精神资源

4. 教育活动方式
- （1）含义：指教育者引导受教育者学习教育内容所选用的**交互活动方式**
- （2）地位：教育活动的**中介**和**纽带**

（三）教育的历史发展 ★★

1. 教育的起源

- （1）神话起源说：教育与其他事物一样，都是由人格化的神（上帝或天）所创造的，教育的目的就是体现神或天的意志，使人皈依于神或顺从于天

- （2）生物起源说
  - ①代表人物：法国社会学家、哲学家利托尔诺，英国教育学家沛西·能
  - ②主要观点：教育活动不仅存在于人类社会中，也存在于人类社会之外，甚至存在于动物界。教育的产生**完全来自动物的本能**，是种族发展的需要

- （3）心理起源说
  - ①代表人物：美国教育家孟禄
  - ②主要观点：原始教育形式和方法主要是日常生活中儿童对成人的**无意识模仿**

- （4）劳动起源说
  - ①代表人物：主要集中在苏联和我国教育学家
  - ②主要观点：**生产劳动**是人类最基本的实践活动；教育起源于生产劳动过程中**经验的传递**；生产劳动过程中**口耳相传**和**简单模仿**是最原始和最基本的教育形式；**生产劳动的变革**是推动人类教育变革最深厚的动力

2. 古代教育：原始的教育主要是在日常生产和生活中进行的；古代学校教育的产生；教育阶级性的出现并不断强化；学校教育与生产劳动**相脱离**

3. 现代教育：学校教育逐步**普及**；教育的**公共性**日益突出；教育的**生产性**不断增强；教育**制度**逐步完善

4. 现代学校教育的基本特征：教育的生产性；教育的科学性；教育的公共性；教育的国际性；教育的终身性；教育的革命性

5. 未来教育：一种新的教育理念，强调以人为本，为人的发展服务；要促进人的全面而自由的发展，已成为世界教育改革和发展的趋势

第一部分 教育学基础

第三章 教育与人的发展（一）

（一）人的发展概述 ★★★★★

1. 含义
- （1）两种释义：① 人类的发展或进化的过程；② 人类个体的成长变化过程
- （2）广义和狭义：① 前者指个人从胚胎到死亡的变化过程，持续人的一生；② 后者指个人从出生到成人的变化过程，主要指儿童的发展
- （3）三个层面：① 生理发展；② 心理发展；③ 社会性发展

2. 特点
- （1）未完成性：指儿童发展的未成熟性，蕴含着人的发展的不确定性、可选择性、开放性和可塑性，潜藏着巨大的生命活力和发展的可能性
- （2）能动性：
  - ① 人的发展是一个具有社会性的能动发展过程，这是人的发展区别于动物发展的一个质的特性
  - ② 人在其发展过程中是自决的，这赋予了人的发展以人所特有的能动性，表现出只有作为主体的人才具有的自我创造的特征

3. 规律性

- （1）顺序性
  - ① 基本含义：人的发展有一定的方向性和顺序性，不能逾越，也不能逆向发展
  - ② 教学指导：教育要循序渐进地促进学生的身心发展

- （2）不平衡性
  - ① 基本含义：人的发展不总是匀速直线前进，不同系统的发展速度、起始时间、达到成熟水平是不同的；同一机能系统在不同年龄阶段也有不同的发展速度
  - ② 教学指导：教育要掌握和利用人的发展的成熟机制，抓住发展的关键期，促进学生健康发展

- （3）阶段性
  - ① 基本含义：人的发展变化既体现出量的积累，又表现出质的飞跃。当某些代表新质要素的量积累到一定程度时，就会导致质的飞跃，从而表现出发展的阶段性
  - ② 教学指导：从学生的实际出发，尊重不同年龄阶段学生的特点并以此提出不同的发展任务，采用不同的教育内容和方法，进行有针对性的教育

- （4）个别差异性
  - ① 基本含义：指人的发展优势、发展速度与高度千差万别
  - ② 教学指导：要深入了解学生，针对学生不同的发展水平以及不同的兴趣等因材施教，引导学生扬长避短、发展个性，促进学生自由发展

- （5）整体性
  - ① 基本含义：人的生理、心理和社会性等方面的发展是密切联系在一起的，并在发展过程中相互作用，使人的发展表现出明显的整体性
  - ② 教学指导：教育要把学生看作复杂的整体，促进学生在体、智、德、美和行等方面全面和谐地发展，把学生培养成完整和完善的人

第三章 教育与人的发展（二）

（二）影响人的发展的基本因素 ★★

1. 遗传在人的发展中的作用
（1）遗传素质是人的发展的 生理前提，为人的发展提供了可能性
（2）遗传素质的成熟程度 制约着人的发展过程及年龄特征
（3）遗传素质的 差异性 对人的发展有一定的影响
（4）遗传素质具有 可塑性

2. 环境在人的发展中的作用
（1）环境是人的发展的 外部条件。包括：自然环境、社会环境和精神文明
（2）环境的 给定性 与主体的 选择性
（3）环境对人的发展的制约作用离不开人对环境的 能动活动

3. 个体活动在人的发展中的作用
（1）个体活动是人的发展的 决定因素
（2）个体活动制约着环境影响的内化与主体的自我建构
（3）个体通过能动的活动选择、建构着自我的发展

（三）教育对人的发展的作用 ★★

1. 教育在人的发展中起 引领作用
（1）有意识地为年轻一代的成长选择、建构、控制良好的环境
（2）对其生活、交往、学习与实践等活动进行正确教导、示范和辅助
（3）尊重其主体地位和激发、引导内在学习动力与自我发展的能动性、自主性和自为性
（4）从各方面引领、关怀、维护其发展

2. 学校教育主要通过 传承文化科学知识 来培养人
（1）促进人的 认识 的发展（认识价值）
（2）促进人的 精神 的发展（陶冶价值）
（3）促进人的 能力 的发展（能力价值）
（4）促进人的 实践 的发展（实践价值）

3. 学校教育对提高 人的现代性 有显著的作用

第四章 教育与社会发展（一）

（一）教育的社会功能 ★★★

1. 教育的社会变迁功能

（1）经济功能
① 教育是使可能的劳动力转变为现实的劳动力的基本途径
② 现代教育是使知识形态的生产力转化为直接的生产力的一种重要途径
③ 现代教育是提高劳动生产率的重要因素

（2）政治功能
① 通过传播一定的社会政治意识形态，完成年轻一代的政治社会化
② 通过造就政治管理人才，促进政治体制的变革与完善
③ 通过提高全民文化素质，推动国家的民主政治建设
④ 形成影响社会舆论、政治时局的重要力量

（3）文化功能：① 传递文化；② 选择文化；③ 发展文化

（4）生态功能
① 建设生态文明的理念
② 普及生态文明知识，提高民族素质
③ 建设生态文明的社会活动

2. 教育的社会流动功能

（1）含义：指社会成员通过教育的培养、筛选和提高，在不同社会区域、社会层次、职业岗位、科层组织间转换、调整和变动，以充分发挥智慧才能，实现人生价值。包括横向流动功能（水平流动）和纵向流动功能（垂直流动）。前者指水平的流动而不提升地位；后者指纵向的提升，提高社会地位及作用

（2）历史发展：随着时代的发展而发展。从古至今教育的社会流动功能随着生产力水平、教育普及、社会制度等因素的发展变化而发展

（3）在当代的重要意义
① 教育是个人社会流动的基础
② 教育是现代社会流动的主要通道
③ 教育关乎人的发展和教育资源分配问题

3. 教育的社会功能与教育的相对独立性

（1）教育的社会变迁功能与社会流动功能的关系

① 区别
- 前者主要指向社会整体的存在、变革与发展，以期为社会、国家与民族的发展服务
- 后者主要指向个体身心的发展、境遇的改善与提升，以期为个人的诉求与理想的实现服务

② 联系
- 前者为后者的产生奠定了客观基础，为其实现开拓了空间
- 后者的实现程度是衡量社会变迁的价值尺度和推进社会变迁的动力
- 二者互动是社会发展和进步的必要条件，体现了教育对社会发展的能动作用

（2）教育的相对独立性
① 教育是培育人的活动，通过所培育的人作用于社会
② 教育具有自身的活动特点、规律及原理
③ 教育具有自身发展的传统与连续性

第四章 教育与社会发展（二）

（二）教育的社会制约性 ★★

1. 生产力对教育的制约
- （1）制约教育事业发展的规模和速度
- （2）制约人才的培养规格和教育结构
- （3）制约教学内容、教学方法和教学组织形式的发展和改革

2. 社会经济政治制度对教育的制约
- （1）制约教育的性质与领导权
- （2）制约教育的目的
- （3）制约受教育权
- （4）制约教育内容、教育结构和教育管理体制

3. 文化对教育的制约与影响
- （1）文化知识制约教育的内容和水平
- （2）文化模式制约教育的背景与模式
- （3）文化传统制约教育传统与变革

（三）教育与我国社会主义建设 ★

1. 教育在我国社会主义建设中的地位和作用
- （1）树立以人为本的教育观：① 人是目的；② 人是主体；③ 人的发展与社会的发展是互动的
- （2）把教育摆在优先发展的战略地位
  - ① 教育的基础性：实质上是人的素质在社会主义现代化建设中的基础性
  - ② 教育的先导性：指教育发展对社会主义现代化建设具有引领作用
  - ③ 教育的全局性：指教育的发展关乎社会主义现代化建设的方方面面，具有全局性影响

2. 科教兴国与国兴科教
- （1）国兴教育的重大举措和巨大成绩
  - ① 恢复高考和高校扩招
  - ② 普及义务教育的立法
  - ③ 建立贫困学生的国家资助体系
  - ④ 大力发展学校教育事业
- （2）国兴教育面临的问题：① 教育公共投入有待进一步加大；② 教育公平面临严峻挑战
- （3）努力办好让人民满意的教育：① 普及和巩固义务教育；② 大力发展中等职业教育；③ 努力提升高等教育质量

第一部分 教育学基础

第五章 教育目的（一）

（一）教育目的概述 ★★★

1. **概念**：教育目的是对教育活动所培养的人的个体素质总的预期与设想，是对社会历史活动主体的个体素质的规定。一般是指国家对于培养的人才要达到什么样的质量和规格的总要求，是各级各类学校都必须遵守的总要求

2. **意义**：① 定向作用；② 调控作用；③ 评价作用

3. **教育目的的建构**
   - （1）需要反映社会发展规律，遵循社会历史条件的可能与限定
   - （2）需要反映人的发展规律，遵循人的发展的可能与限定

4. **价值取向**
   - （1）**个人本位论**
     - 代表人物：卢梭、福禄培尔、裴斯泰洛齐等
     - ① 教育目的是根据个人发展需要制定的
     - ② 社会价值由个人构成，个人价值恒久高于社会价值
     - ③ 人生来就有健全的潜在本能，教育的基本职能就在于使这种潜能得到发展
   - （2）**社会本位论**
     - 代表人物：那托尔普、涂尔干、凯兴斯泰纳等
     - ① 个人的一切发展都有赖于社会
     - ② 教育除了满足社会需要外无其他目的
     - ③ 教育的结果或效果是以其社会功能发挥的程度来衡量的

5. **马克思主义人的全面发展学说**
   - （1）人的全面发展是一个社会历史过程
     - ① 古代社会：以人的依赖关系为基础，个人没有人身自由、独立性和个性
     - ② 现代社会：以物的依赖性为基础的人的独立性，个人摆脱了人的依赖关系，获得了一定的独立自主与自由
     - ③ 共产主义：人们摆脱了人和物的依赖关系，个人将得到全面而自由的发展
   - （2）人的全面发展的内涵：指在人的劳动能力全面发展的基础上包括人的社会关系、体力、智力、个性、实践能力等各方面的和谐统一发展
   - （3）现实意义
     - ① 社会主义制度的建立为人的全面发展拓宽了道路
     - ② 要依据我国的特点尽可能地促进人的全面发展
     - ③ 人的全面发展是构建社会主义和谐社会的基本内涵
     - ④ 追求人的全面发展与实现人的自由发展必须和谐统一

第五章 教育目的（二）

（一）教育目的的概述 ★★★

6. 教育目的的结构

（1）层次结构
- ① 国家或社会所规定的教育的总目的
- ② 各级各类学校的培养目标
- ③ 课程目标
- ④ 教学目标

（2）内容结构
- ① 就教育所要培养的人的身心素质做出的规定：规定受教育者在德智体美劳各方面究竟应具有什么样的素质，是教育目的的核心部分
- ② 就教育所要培养的人的社会价值做出的规定：指明了教育所要培养的人应当为什么样的社会服务，应当符合什么阶级的利益

7. 教育目的的社会制约性
- （1）受一定生产力和生产关系及以此为基础的政治观点与制度制约
- （2）要考虑受教育者的身心特点，但不影响教育目的的性质与方向

（二）我国的教育目的 ★★

1. 基本精神：
① 坚持培养"劳动者"或"社会主义建设人才"；② 坚持全面发展；③ 培养独立个性

2. 我国教育目的在普通中小学的实现

（1）普通中小学的性质与任务
- ① 性质：基础教育
- ② 任务：
  - 为年轻一代做人打好基础
  - 为年轻一代在未来接受专业（职业）教育打好基础
  - 为提高民族素质打好基础

（2）普通中小学教育的组成部分
- ① 体育：授予学生健身知识、技能，发展学生体力、增强学生体质的教育
- ② 智育：授予学生系统的科学文化知识、技能和发展其智力的教育
- ③ 德育：引导学生领悟社会主义思想和道德规范，组织和指导学生的道德实践，培养学生的社会主义品德的教育
- ④ 美育：培养学生正确的审美观，发展他们鉴赏美、创造美的能力，培养其高尚情操和文明素质的教育
- ⑤ 综合实践活动：在教师的引导下，密切联系学生生活和社会实际，让学生自主进行综合实践活动

第一部分 教育学基础

第六章 教育制度（一）

（一）教育制度概述 ★★★

1. 含义和特点
- （1）含义：指一个国家各级各类实施教育的机构体系及其组织运行的规则
- （2）两个基本方面：①各级各类教育机构与组织；②教育机构与组织赖以存在和运行的规则
- （3）特点
  - ①客观性：教育机构的设置、层次类型的分化、各级各类教育机构的制度化，都受客观的生产力发展水平制约，具有客观性
  - ②规范性：任何教育制度都有其规范性。它主要表现在入学条件即受教育权的限定和各级各类学校培养目标的确定上
  - ③历史性：教育制度是随着社会的发展变化而发展变化的，具有历史性
  - ④强制性：教育制度先于作为年轻一代的个体而存在。它对于受教育者个体的行为具有一定的强制作用，要求受教育者个体无条件地去适应和遵守制度

2. 制约教育制度的社会因素
- （1）经济的制约。经济的发展为教育制度提供一定的物质基础，并向教育提出了一定的育人需求
- （2）政治的制约。政权统治者掌握教育权，决定受教育者是谁，制约受教育类型、程度和方式
- （3）文化的制约。教育活动是在一定的文化观念的影响下进行的，不同文化特性必然影响教育制度的特性

3. 历史发展
- （1）原始社会。教育未从生活中分离，没有专门学校教育和教育制度
- （2）古代社会。产生了学校，出现了简单的学校系统，形成了简朴的教育制度
- （3）现代社会。学校发展程度的大众性和普及性，结构上多类型和多层次性
- （4）当代社会。由单一的学校教育系统发展为庞大的教育体系，整体发展方向是终身教育

4. 教育制度的设立依据
①社会生产力和科学技术发展水平；②社会政治经济制度；③人的身心发展规律；④历史经验的继承与发展

5. 终身教育
- （1）内涵：人一生各阶段当中所受各种教育的总和，也是人所受的不同类型教育的综合
- （2）意义
  - ①终身教育思想是对教育全新的理解，教育不局限于学校，也包括家庭、社会对人的影响
  - ②终身教育使教育与生产、生活重新结合，打破教育长期与劳动隔绝的局面
  - ③终身教育的对象更加广泛，学习形式更加多样

（二）现代学校教育制度 ★★★

1. 概念
学校教育制度简称学制，指的是一个国家各级各类学校的系统及其管理规则，规定着各级各类学校的性质、任务、入学条件、修业年限以及它们之间的关系

2. 发展
- （1）双轨学制
  - ①主要代表：18—19世纪的西欧
  - ②结构：一轨自上而下，结构是大学、中学；一轨自下而上，结构是小学及其后的职业学校
  - ③特点：两个平行的系列，一轨从中学开始，一轨最初只有小学，这样就剥夺了劳动者子女升入中学和大学的权利
- （2）单轨学制：①主要代表：美国；②结构：小学、中学、大学；③特点：一个系列、多种分段
- （3）分支型学制：①主要代表：苏联；②结构：介于双轨学制和单轨学制之间；③特点：上通下达，左右畅通

3. 变革
①从学校系统看，双轨学制向分支型学制和单轨学制方向发展；②从学校阶段看，每个阶段都发生了重大变化

第六章 教育制度（二）

（三）我国现行学校教育制度 ★

1. 演变

（1）新中国成立前的学制改革： ① 1902 年，清政府颁布"壬寅学制"，是我国第一个正式颁布的学制，但未实施；② 1904 年年初，清政府颁布"癸卯学制"，是我国第一个正式实施的学制；③ 1922 年，国民政府颁布"壬戌学制"，通称"六三三制"

（2）新中国成立以后至改革开放前的学制改革
- ① 1951 年，《关于改革学制的决定》明确规定新学制，是我国学制发展的一个新阶段
- ② 1958 年，《关于教育工作的指示》提早入学年龄到 6 岁；缩短年限，中小学十年一贯制；采取多种形式办学
- ③ 1961 年，开始贯彻"调整、巩固、充实、提高"的方针，制定大、中、小学工作条例
- ④ 1976 年，恢复和新建学制系统，使我国学制逐步向合理和完善的方向发展

（3）改革开放以来的学制改革
- ① 1985 年《中共中央关于教育体制改革的决定》提出加强基础教育，有步骤地实施九年义务教育；调整中等教育结构，大力发展职业教育；改革高等教育招生与分配制度，扩大高校办学的自主权；对学校教育实行分级管理
- ② 1993 年《中国教育改革和发展纲要》，确定了 20 世纪末教育发展的总目标，即基本普及九年义务教育，基本扫除青壮年文盲；全面贯彻党的方针，全面提高教育质量；建设好一批重点学校和重点学科
- ③ 1999 年《面向 21 世纪教育振兴行动计划》提出到 2000 年，全国基本普及九年义务教育，基本扫除青壮年文盲，大力推进素质教育；完成职业教育培训和继续教育制度；积极稳步发展高等教育；深化改革，建立教育新体制的框架，以适应社会经济发展
- ④ 2010 年《国家中长期教育改革和发展规划纲要（2010—2020 年）》确立目标，即到 2020 年，基本实现教育现代化，基本形成学习型社会，进入人力资源强国行列

2. 我国现行学校教育制度的形态
- （1）学前教育（幼儿园）
- （2）初等教育：全日制小学教育
- （3）中等教育：全日制普通中学、各类中等职业学校和业余中学
- （4）高等教育：全日制大学、专门学院、专科学校、研究生院和各种形式的业余大学

3. 我国现行学校教育制度的改革：
① 基本普及学前教育；② 均衡发展义务教育；③ 努力普及高中阶段教育；④ 大力发展高等教育

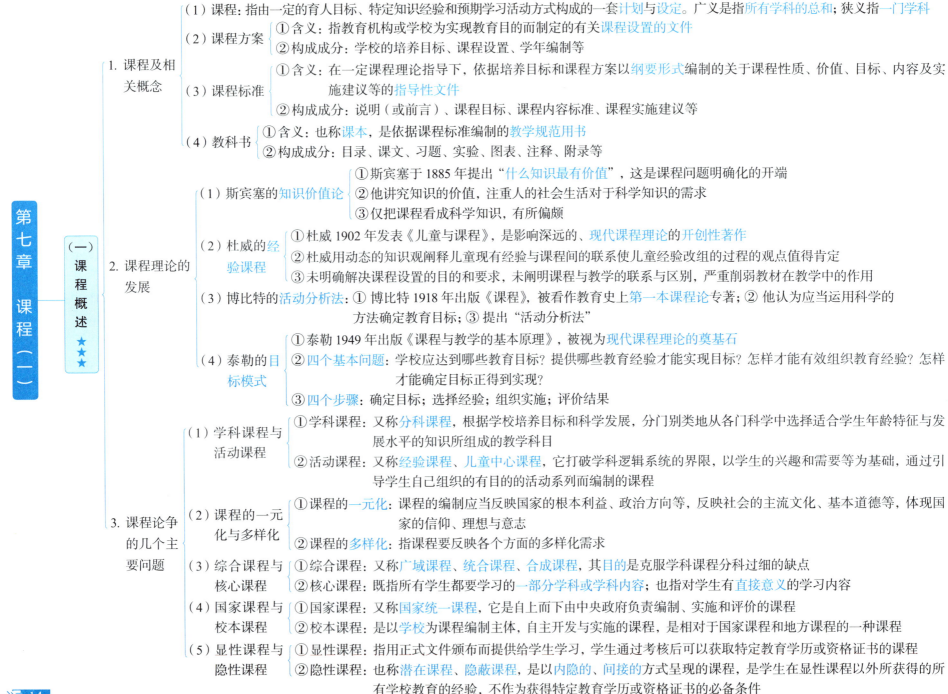

第七章 课程（二）

（二）课程设计 ★★

1. 课程目标的设计

课程目标是课程实施应达到的学生身心素质发展的预期结果，是对培养目标的具体化

（1）课程目标制定的依据：① 直接依据：教育目的和学校的培养目标；② 具体依据：对学生、社会、学科的研究；③ 基本因素：社会、知识、学生

（2）基本问题：① 课程目标的具体化和抽象化问题；② 课程目标的层次与结构问题

（3）基本方式：
- ① 结果性目标：指明确告诉人们学生的学习结果是什么，行为动词要求具体、明确、可观测、可量化；应用于"知识"领域
- ② 体验性目标：指描述学生自己的心理感受、情绪体验应达成的标准，行为动词是历时性的、过程性的；应用于"过程"领域
- ③ 表现性目标：指明确安排学生个性化的发展机会和发展程度，行为动词是与学生表现什么有关的或者结果是开放性的；应用于"制作"领域

2. 课程内容的设计

（1）课程内容：课程内容是课程的核心要素，从总体上讲，其是指根据课程目标从人类经验体系中选择出来，按照一定学科逻辑序列和儿童心理发展需求组织编排而成的知识体系和经验体系

（2）课程内容的选择：
- ① 直接经验的选择：选择依据是学生的现实社会生活需要和学生社会性发展的要求
- ② 间接经验的选择：选择依据是科学理论知识内在的逻辑结构

（3）课程内容的组织：
- ① 泰勒提出三条规则：连续性、顺序性、整合性
- ② 组织形式：直线式与螺旋式、纵向组织与横向组织、逻辑顺序与心理顺序

（三）课程改革 ★★★

1. 世界各国课程改革发展的趋势

（1）追求卓越的整体性课程目标

（2）注重课程编制的时代性、基础性、综合性和选择性

（3）讲求学习方式的多样化

2. 我国基础教育的课程改革

（1）指导思想与基本目标：
- ① 指导思想：教育要面向现代化、面向世界、面向未来和"三个代表"的重要思想，全面贯彻党的教育方针，全面推进素质教育
- ② 具体目标：转变课程功能；优化课程结构；更新课程内容；转变学习方式；改革课程评价；深化课程管理体系改革

（2）新课程改革的基本理念：① 倡导个性化的知识生成方式；② 增强课程内容的生活化、综合性

3. 我国中小学的课程设置

我国新一轮基础教育课程改革整体设置九年义务教育课程

（1）小学教育：以综合课程为主

（2）初中教育：设置分科与综合相结合的课程

（3）普通高中教育：学制三年，课程设置以分科课程为主。所有课程均包括必修和选修模块

4. 中小学课程改革存在的主要困难和问题：① 形式主义问题与倾向；② 理性主义问题与倾向；③ 功利主义问题与倾向；④ 极端主义问题与倾向

第八章 教学（上）（一）

（一）教学概述 ★★

1. **概念**：教学是在一定教育目的规范下，在教师有计划的引导下，学生能动地学习、掌握系统的课程预设的科学文化基础知识，发展自身的智能与体力，养成良好的品行与美感，逐步形成全面发展的个体素质的活动

2. **意义**：
   - （1）教学在传承文化、促进学生个性全面发展上，起 引领 的重要作用
   - （2）教学是传播系统知识、促进学生发展的 最有效 的形式
   - （3）教学被视为实现培养目标的 基本途径，是学校的 主要工作

3. **任务**：
   - （1）掌握科学文化基础知识、基本技能和技巧
   - （2）发展体力、智力、能力和创造才能
   - （3）培养正确价值观、情感与态度（即德育）

（二）教学过程

1. **教学过程的性质**：
   - （1）一种 特殊 的 认识 过程
   - （2）以 交往 为背景和手段的活动过程
   - （3）一种促进学生 身心发展、追寻与实现价值目标 的过程

2. **学生掌握知识的基本阶段**：
   - （1）**传授—接受教学**
     - ①含义：指教师主要通过语言传授、演示与示范使学生掌握基础知识、基本技能，并对他们进行思想情趣熏陶的教学
     - ②基本阶段：引起学习动机；感知教材；理解教材；巩固知识；运用知识；检查知识、技能和技巧
     - ③具体要求：根据具体情况有创意地设计教学过程阶段；要根据情况变化，灵活机智地完成预计的教学阶段任务
   - （2）**问题—探究教学**
     - ①含义：指在教师引导下，学生主要通过积极参与对问题的分析、探索，主动地发现或建构新知，获得学习与探究的方法、能力与科学人文精神的教学
     - ②基本阶段：明确问题；深入探究；做出结论
     - ③具体要求：要根据具体情况创造性地运用；要善于将学生的好奇心引导到获取真知的探究目的上来

3. **教学过程中应当处理好的几种关系**：
   - （1）直接经验 与 间接经验 的关系：① 学生认识的 主要任务 是学习间接经验；② 学习间接经验必须以学生个人直接经验为 基础；③ 防止只重书本知识传授或直接经验积累的偏向
   - （2）掌握知识 与 发展智力 的关系：① 智力的发展与知识的掌握二者相互依存，相互促进；② 生动活泼地理解和创造性地运用知识才能有效发展智力；③ 防止单纯抓知识教学或只重能力发展的片面性
   - （3）掌握知识 与 进行教育 的关系：① 进行 教育性教学 是现代教学的重要特性；② 要让所学知识引起学生情感、态度的积极变化，得到思想上真正的提高；③ 防止单纯传授知识或脱离知识教学的思想教育的偏向
   - （4）智力活动 与 非智力活动 的关系：① 教学活动既要注重引导学生进行智力活动，也要重视调节学生的非智力活动；② 按 教学需要 调节学生的非智力活动，才能有效进行智力活动
   - （5）教师主导 作用与 学生主动性 的关系：① 发挥教师的主导作用是学生学习知识、发展身心的 必要条件；② 尊重学生、调动 学生学习主动性 是教师有效教学的一个主要因素；③ 防止忽视学生积极性和忽视教师主导作用的偏向

教学原则是有效进行教学必须遵循的基本要求，指导教师的教和学生的学。它是从教学实践中总结出来的，在长期历史发展中不断得到丰富、改进和提高

第八章 教学（上）（二）

（三）教学原则 ★★★

1. 启发性原则

（1）定义：也称探究性原则，指在教学中教师要激发学生的学习主体性，引导他们经过积极思考与探究自觉地掌握科学知识，学会分析和解决问题，树立求真意识和人文情怀

（2）基本要求：
① 调动学生学习的主动性
② 善于提问激疑，引导教学步步深入
③ 注重通过解决实际问题启发学生获取知识
④ 引导学生反思学习过程
⑤ 发扬教学民主

2. 理论与实践相结合原则

（1）定义：指教学要以学习基础知识为主导，将理论运用于解释和解决实际问题，学以致用，发展动手动脑能力，并理解知识含义，领悟知识价值

（2）基本要求：
① 注重联系实际学好理论
② 重视引导学生运用知识
③ 逐步培养与形成学生综合运用知识的能力
④ 面向生活现实，培养学生的对策思维

3. 科学性与思想性统一原则

（1）定义：指教学要以马克思主义为指导，授予学生科学知识，并结合知识教学对学生进行社会主义品德和核心价值观教育

（2）基本要求：
① 保证教学的科学性
② 发掘教材的思想性，对学生进行思想品德教育
③ 重视补充有价值的资料、事例或录像
④ 教师要不断提高自己的专业水平和思想修养

4. 直观性原则

（1）定义：指在教学中通过引导学生观察所学事物或图像，聆听教师用语言对所学对象的形象描绘，形成有关事物具体清晰的表象，以便理解所学知识

（2）基本要求：
① 正确选择直观教具和现代化教学手段，包括实物直观、模象直观、多媒体教学三类
② 直观与讲解相结合
③ 防止直观的不当与滥用
④ 重视运用语言直观

5. 循序渐进原则

（1）定义：也称系统性原则，指教学要按照学科的逻辑系统和学生认识的顺序逐步进行，使学生系统掌握基础知识、基本技能，形成严密的逻辑思维能力

（2）基本要求：
① 按教材的系统性进行教学
② 抓主要矛盾，解决好重难点
③ 由浅入深、由易到难、由简到繁
④ 将系统连贯性与灵活多样性结合起来

第八章 教学（上）（三）

（三）教学原则 ★★★

6. 巩固性原则
- （1）定义：指教学要引导学生在 理解 的基础上牢固地掌握知识和技能，长久保持在记忆中，能够根据需要迅速再现，有效地运用
- （2）基本要求
  - ① 在理解的基础上巩固
  - ② 把握 巩固的度
  - ③ 重视组织各种复习
  - ④ 在 扩充、改组 和 运用 知识中积极巩固

7. 发展性原则
- （1）定义：指教学的内容、方法和进度，要适合学生已有的发展水平且有一定难度，激励他们经过努力才能掌握，以便有效地促进学生的身心发展
- （2）基本要求
  - ① 了解学生的发展水平，按 实际 进行教学
  - ② 考虑学生认知发展的 时代特点

8. 因材施教原则
- （1）定义：指教师要从学生 实际情况 和 个性特点 出发，有的放矢地进行有 区别的教学，使每个学生扬长避短、长善救失，获得 最佳发展
- （2）基本要求
  - ① 针对学生的特点进行有区别的教学
  - ② 采取 灵活多样 的举措，使学生的才能得到充分发展

（四）教学方法 ★★★

1. 教学方法概述
- （1）相关概念
  - ① 教学方法：为完成教学任务而采用的方法，包括 教师教的方法 和 学生学的方法，是教师引导学生探讨与掌握知识技能、获得身心发展而共同活动的方法
  - ② 教学方式：广义包括教学方法和教学形式，甚至涉及教学内容的组合与安排；狭义指构成教学方法运用的细节或形式
  - ③ 教学手段：指为完成教学任务，配合某种教学方法而采用的 器具、资料 与 设施
  - ④ 教学模式：指在教学实践中形成的具有 一定指导性 的简约理念和参照的标准样式
  - ⑤ 教学策略：指为达成教学的目的与任务，组织与调控教学活动而进行的谋划
- （2）教学方法的选择：教学方法的选择与设计取决于面临的教学任务、学科知识的特点、学生的情感与经验基础等。现代教学提倡以 系统的观点 为指导选用教学方法，优化教学

2. 中小学常用的教学方法（见下页）

第九章 教学（下）（一）

（四）教学方法 ★★★

1. 教学方法概述（接上页）

2. 中小学常用的教学方法

（1）讲授法
- ①定义：指教师通过语言系统地向学生传授科学文化知识，并促进其智能与品德发展的方法
- ②基本要求：精炼讲授内容；注重讲授的策略与方法；讲究语言艺术

（2）谈话法
- ①定义：也称问答法，指通过师生问答、对话的形式引导学生思考、探究，以获取或巩固知识，促进学生智能发展的方法
- ②基本要求：要准备好谈话计划；要善问；要善于启发诱导；要做好小结

（3）练习法
- ①定义：指学生在教师指导下运用知识反复完成一定的操作、作业与习题，以加深理解和形成技能技巧的方法
- ②基本要求：提高练习的自觉性；循序渐进、逐步提高；严格要求

（4）演示法
- ①定义：指教师通过展示实物、直观教具、实验或播放有关教学内容的软件、特制的课件，使学生认识事物、获得或巩固知识的方法
- ②基本要求：做好演示前的准备；让学生明确演示的目的、要求；讲究演示的方法

（5）实验法
- ①定义：指学生在教师指导下运用一定的仪器设备进行独立作业，观察事物的特性，探求其发展和变化规律，以获得知识和技能、培养科学精神的方法
- ②基本要求：做好实验准备；明确实验的目的、要求与做法；注意指导实验过程；做好实验小结

（6）实习作业法
- ①定义：指学生在教师指导下进行的学科实践活动，以培养学生专业操作能力的方法
- ②基本要求：做好实习作业的准备；做好实习作业的动员；做好实习作业过程中的指导；做好实习作业总结

（7）讨论法
- ①定义：指学生在教师指导下为解决某个问题而进行探讨、评析，以明辨是非、获得真知、锻炼思维和独立思考能力的方法
- ②基本要求：讨论的问题要有吸引力；要善于对学生启发、引导；做好讨论小结

（8）研究法
- ①定义：指学生在教师指导下通过独立探索、创造性地解决问题，获取知识和发展科研能力的方法
- ②基本要求：正确选定研究课题；提供必要的条件；让学生独立思考与探索；循序渐进、因材施教

（9）问题教学法
- ①定义：指在教师引导下，学生主要通过积极参与对问题的分析、探索，主动地发现或建构新知，获得学习与探究的方法、能力与科学人文精神的教学方法
- ②基本要求：创设情境，明确问题；引导学生积极探索、分析和解决问题；组织学生交流和研讨，得出基本结论

（10）读书指导法
- ①定义：指教师指导学生通过阅读教科书、参考书以获取或巩固知识的方法
- ②基本要求：
  - 提出明确的目的、要求和思考题，让学生自主掌握学习的方向、要求，主动去实现
  - 教给学生读书的方法，让他们学会朗读、默读；学会浏览与精读等
  - 善于在读书中发现问题和解决问题
  - 适当组织学生交流读书心得，在个人阅读基础上适当组织学生开展讨论

第九章 教学（下）（二）

（五）教学组织形式 ★★★

1. 概念
教学组织形式是指为完成特定教学任务，教师和学生按一定要求组合起来进行活动的结构

2. 常见的教学组织形式

（1）个别教学制
- ①定义：教师面对个别或少数学生进行教学的一种教育组织形式
- ②优点：教师能根据每个学生的特点进行教学，使教学适应每个学生的能力与要求
- ③缺点：难以系统化、程序化、制度化，教学效率低

（2）班级授课制
- ①定义：一种集体教学形式，把一定数量的学生按年龄与知识程度编成固定的班级，根据课表和作息时间表，安排教师有计划地给全班学生上课，分别学习所设置的各门课程
- ②特点：学生固定、教师固定、内容固定、时间固定、场所固定
- ③优点：形成了严格的教学制度；以课为单位科学教学；充分发挥教师主导作用；促进学生社会化与个性化；促进教育普及和提高教学效率
- ④缺点：不利于照顾个别差异；不利于发挥学生的主体性；不利于理论联系实际；不利于实现教学的灵活性
- ⑤改革趋势：根据不同情况，对每节课的时间长度做出不同规定；加强班级教学中小组与个别教学指导；提高学生在教学中的主体地位与作用等

（3）分组教学制
- ①定义：按学生的能力或学习成绩把他们分为水平不同的组进行教学
- ②形式：能力分组和作业分组；内部分组和外部分组
- ③优点：便于保证教学能够适应小组内部的全体学生
- ④缺点：能力强者易骄傲，能力差者易自卑；阻碍不同水平学生交流，影响学生发展

（4）走班制
- ①定义：指教室和教师固定而学生不固定的一种教学组织形式。学生根据自己的兴趣和能力选择适合自身发展的班级，在不同的教室中流动上课
- ②优点：把学生的兴趣和能力放在更加突出的位置，有利于因材施教
- ③缺点：流动上课加剧了班级管理困境；硬件和师资不足，阻碍走班制运转等
- ④改革趋势：解放思想加大走班制宣传力度；完善走班制管理和评价制度；丰富课外辅导形式，加强合作学习；加强走班制资源建设

3. 教学的基本组织形式与辅助组织形式

（1）教学的基本组织形式：班级授课制

（2）教学的辅助组织形式
- ①作业：又称课外作业或家庭作业，指学生在课外或在家中独立完成由教师布置的，为理解、掌握知识与技能而进行的学习或练习任务
- ②参观：指根据一定的教学目的组织学生到一定的现场，通过对实际的事物或活动进行观察、询问，以获取知识的教学活动形式
- ③讲座：指由教师或请有关专家不定期地向学生讲授与学科有关的科学趣闻或新的发展，以扩大他们的科学视野的一种教辅活动
- ④辅导：指根据学生的需要，由教师给予指引的一种教辅形式

4. 教学工作的基本环节

- **（1）备课**：①地位：是上好课的先决条件；②备课工作：钻研教材；了解学生；设计教学
- **（2）上课**：
  - ①地位：是提高教学质量的关键
  - ②要求：明确教学目的；保证教学的科学性与思想性；调动学生的学习积极性；注重解惑纠错；组织好教学活动；布置好课外作业
- **（3）课后教导工作**：①做好学生的思想教育工作；②做好对学生的辅导工作
- **（4）教学评价**：是对教学过程中的教学行为和学生的学习行为及其效果进行价值判断的系统过程

第九章 教学（下）（三）

（六）教学评价 ★★★

1. 教学评价概述

（1）概念：教学评价是对教学工作质量所做的 测量、分析 和 评定

（2）意义
① 对 学校 来说，记载和积累学生学习情况的资料，定期报告给学生家长，并作为学生升、留级及能否毕业的依据
② 对 教师 来说，可以及时了解并获取学生的学习情况及教学效果的反馈信息，明白自己教学的优缺点以改进教学
③ 对 学生 来说，及时得到学习效果的反馈信息，明确自身优缺点，以取长补短
④ 对 领导 来说，可以了解每个教师、班级的教学情况，便于发现问题、总结经验，以改进教学
⑤ 对 家长 来说，了解子女学习情况及变化，以配合学校进行教育

（3）种类
① 根据评价在教学中的 作用 不同，分为诊断性评价、形成性评价和总结性评价（终结性评价）
② 根据评价所用 方法和标准 不同，分为相对性评价（常模参照性评价）和绝对性评价（目标参照性评价）
③ 根据 评价主体 不同，分为教师评价和学生自我评价

2. 教学评价的原则与方法

（1）原则
① 客观性 原则：教学评价要客观公正、科学合理，切实反映教师的教学质量和学生的学业水平，不能掺杂个人情感，不能主观臆断
② 发展性 原则：教学评价应着眼于学生学习成绩的进步与能力的发展，其目的在于 激励学生的积极性与创造性，而不是压抑和扭曲学生的发展
③ 指导性 原则：教学评价应在指出师生的长处与不足的基础上 提出建设性意见，以便他们扬长避短，不断进步
④ 计划性 原则：教学评价应当 全面规划，使每门学科都能依据制度与教学进程的要求，有计划、规范地进行教学评价，以确保其效果和质量

（2）方法
① 观察法：适用于在教学中评价不易量化的行为和技艺性的成绩，包括行为日志或轶事报告及等级量表
② 测验法
　　定义：主要以笔试进行，是考核、测定学生成绩的 基本方法
　　测验的 质量指标：信度、效度、难度与区分度
　　测验的种类：论文式测验、客观性测验、问题情境测验和标准化测验
③ 调查法：收集有关学生成绩评定的资料以探明学生学习的真实情况及原因；一般通过问卷、交谈（访谈）进行
④ 自我评价法：帮助学生更好地理解教学目标，正确地评价自己，从而自觉改进学习；具体方法有运用标准答案、核对表、录音机和录像机等

3. 学生学业成绩的评价

（1）教学目标在学生学业成绩评价中的作用：规定了通过教学应当使学生达到的知识、技能等方面的要求，是评价学生学业成绩优劣的 唯一质量标准

（2）中小学的考试制度
① 考查：指对学生的学习情况和成绩进行的一种 经常性、非正规的检核；主要方式有口头提问、检查书面作业、书面测验
② 考试：指对学生学业成绩进行的 阶段性或总结性的检查与评定；通常有期中考试、学期考试、学年考试、毕业考试等

4. 教师教学工作的评价

（1）评教的意义
① 使教师更清楚地了解教学中的长处与不足，增进教师间相互了解、相互促进
② 使学校领导深入第一线，探究教学的经验与问题，以提高教师的水平和改进教学

（2）评教的要求
① 要重视分析 教师的教学质量，而不是评价他的专业水平
② 根据 学生的成绩 来评价教师的教学质量
③ 注意教学的 系统性 与 完整性

（3）教学的几种水平：① 记忆水平；② 理解水平；③ 探索水平

（4）评教的方法：① 分析法；② 记分法

第十章 德育（一）

（一）德育概述 ★

1. **德育概念**：德育，即<u>道德教育</u>。简言之，德育是培养学生思想品德的教育

2. **特点**
   - （1）旨在培养学生的<u>道德信念</u>和<u>人生观</u>，形成学生的道德行为习惯，属于伦理领域
   - （2）解决的矛盾主要是<u>求善</u>、<u>知善</u>、<u>行善</u>，回答人应当怎样生活才有意义的问题
   - （3）品德是个体素质结构的重要因素，在个体素质结构中起<u>价值定向</u>作用

3. **功能**
   - （1）育德功能：促进学生个性的发展，引导学生懂得为人处世的行为规则和行为方式
   - （2）社会功能：经过所培养的学生积极参与日常生活、人际交往和社会实践对社会发展与改革发挥出巨大作用

4. **任务和内容**
   德育任务是指学校德育要实现的目标。德育内容是指用什么样的<u>道德规范</u>和<u>价值观</u>等培养学生
   - （1）现阶段我国中小学的德育任务
     - ①培养合格公民
     - ②培养具有正确世界观和人生观及较高思想觉悟的社会主义者
     - ③使少数优秀分子成为共产主义者
   - （2）现阶段我国学校德育的内容
     - ①基本文明习惯和行为规范教育
     - ②基础道德品质教育
     - ③爱国主义教育
     - ④集体主义教育
     - ⑤民主法治教育和理想信念教育

5. **当前我国学校德育存在的主要问题**：①地位尴尬；②目标偏离；③内容陈旧，脱离现实生活；④方法落后，呆板；⑤环境封闭；⑥师资队伍不容乐观；⑦评价低效

（二）德育过程 ★★

德育过程是学生在教师的引导下，积极主动地进行<u>道德认识</u>和<u>道德实践</u>，逐步提高自我修养能力，形成个人品德的过程

1. 德育过程是学生在教师教导下的个体品德的<u>自主建构</u>过程
   - （1）学生对环境影响的主动吸收
   - （2）教师对学生的积极引导
   - （3）外部活动与内部活动相互促进

2. 德育过程是培养学生<u>知情意行</u>整体和谐的发展过程
   - （1）思想道德发展的<u>整体性</u>
   - （2）德育过程有<u>多种开端</u>
   - （3）德育实践的<u>针对性</u>

3. 德育过程是提高学生<u>自我教育能力</u>的过程
   - （1）自我教育能力培育的意义：自我教育能力是德育的一个重要条件；也是形成学生思想道德发展过程的一个重要标志
   - （2）自我教育能力的<u>构成因素</u>：自我期望能力、自我评价能力、自我调控能力
   - （3）学生自我教育能力的发展：大致是从"自我中心"发展到"他律"，从"他律"发展到"自律"的过程

第十章 德育（二）

（三）德育原则 ★★★

德育原则是教师对学生进行德育应该遵循的基本要求

1. 理论与生活相结合原则
- （1）定义：指进行德育要注重引导学生把思想政治观念和社会道德规范的学习与参与生活实践结合起来，把提高道德认知与养成良好道德行为习惯相结合，做到心口如一，言行一致
- （2）基本要求：
  - ① 结合生活实际，切实提高学生的思想
  - ② 注重实践，培养道德行为习惯

2. 疏导原则
- （1）定义：也称循循善诱原则，指进行德育要循循善诱、以理服人，从提高学生认识入手，调动学生主动性，使其积极向上
- （2）基本要求：
  - ① 讲明道理，疏通思想
  - ② 因势利导、循循善诱
  - ③ 以表扬、激励为主，坚持正面教育

3. 长善救失原则
- （1）定义：指进行德育要调动学生自我教育的积极性，依靠和发扬自身积极因素，克服其品德上的消极因素，促进学生的道德成长
- （2）基本要求：
  - ① "一分为二"地看待学生
  - ② 发扬积极因素，克服消极因素
  - ③ 引导学生自觉评价自己，勇于自我教育

4. 严格要求与尊重学生相结合原则
- （1）定义：指进行德育要把对学生的思想品行的严格要求与对他们个人的尊重信赖结合起来，使教育者的严格要求易于转化为学生主动的道德自律
- （2）基本要求：
  - ① 尊重和信赖学生
  - ② 严格要求学生

5. 因材施教原则
- （1）定义：指进行德育要从学生品德发展的实际出发，根据其年龄特征和个性差异进行不同教育，使每个学生的品德都能得到最优发展
- （2）基本要求：
  - ① 深入了解学生的个性特点和内心世界
  - ② 根据学生个人特点有的放矢地进行教育
  - ③ 根据学生的年龄特征有计划地进行教育

6. 在集体中教育原则
- （1）定义：指进行德育有赖于学生的社会交往、共同活动，注意依靠学生集体，通过集体活动进行教育，充分发挥学生集体在教育中的巨大作用
- （2）基本要求：
  - ① 引导学生关心、热爱集体，为建设良好的集体而努力
  - ② 通过集体教育学生个人，通过学生个人转变影响集体
  - ③ 把教师的主导作用与集体的教育力量结合起来

7. 教育影响一致性和连贯性原则
- （1）定义：指德育应有目的有计划地把来自各方面对学生的影响加以组织，使其优化为教育的合力前后连贯地进行，以获得最大的成效
- （2）基本要求：
  - ① 组建教师集体，使校内对学生的教育影响一致
  - ② 做好衔接工作，使对学生的教育前后连贯和一致
  - ③ 发挥学校教育的引领作用，使学校、家庭和社会对学生的教育得到整合、优化

第十章 德育（三）

（四）德育途径与方法 ★★★

1. 德育途径

(1) 思想政治课与其他学科教学
(2) 劳动与其他社会实践
(3) 课外活动和校外活动
(4) 学校共青团和少先队活动
(5) 心理咨询
(6) 班主任工作
(7) 校园生活

2. 德育方法

德育方法是师生为<u>完成德育任务</u>而<u>采取的活动方式的总和</u>。包括两层含义：一是师生共同活动的方法；二是为实现德育目标、要求服务的方法

（1）明理/说服教育
- ①定义：指通过引导学生摆事实、讲道理，经过思想情感上的沟通与互动，使其悟明道德真谛，自觉践行的方法
- ②方法：讲理；沟通；报告；讨论；参观
- ③要求：有<u>针对性</u>；有<u>知识性</u>和<u>趣味性</u>；善抓时机；注重互尊互动

（2）榜样示范法
- ①定义：以<u>他人</u>的高尚品德、模范行为和卓越成就来影响学生品德的方法
- ②方法：现实的英雄模范；优秀教师、家长的风范；优秀学生等
- ③要求：榜样必须是<u>真实可信</u>的；激起学生对榜样的积极情感；给不同年龄段的学生树立不同的榜样；要注重教师自身的示范作用

（3）情境陶冶法
- ①定义：指通过创设良好的教育情境，<u>潜移默化</u>地培养学生品德的方法
- ②方法：人格感化；环境陶冶；艺术陶冶
- ③要求：创设良好的情境；与启发引导相结合；引导学生参与情境的创设

（4）实践锻炼法
- ①定义：指<u>有目的</u>、<u>有组织</u>地安排学生进行一定的生活交往与社会践行活动以培养品德的方法
- ②方法：练习；委托任务；组织活动
- ③要求：调动学生的<u>主动性</u>；教师给予适当的指导；坚持严格要求学生；及时检查并长期坚持

（5）自我修养法
- ①定义：指在教师引导下学生经过<u>自觉学习</u>、<u>反思</u>和自我<u>改进</u>，使自身品德不断完善的方法
- ②方法：立志；学习；反思；箴言；慎独
- ③要求：培养学生自我修养的<u>兴趣</u>与<u>自觉性</u>；指导学生掌握修养的标准；引导学生积极参加<u>社会实践</u>

（6）制度育德法
- ①定义：指通过构建合理的<u>学校制度</u>来引导和培养学生品德的方法
- ②要求：让学生参与学校或班级有关制度的制定、执行，并对执行过程的情况进行反思、改进；要注重促进学生的思想品德发展；学校制度要<u>合法</u>、<u>合德</u>

（7）奖惩法
- ①定义：对学生的思想和行为做出评价，包括<u>表扬</u>、<u>奖励</u>和批评、<u>处分</u>两个方面
- ②要求：要公平公正、正确适度、合情合理；要发扬民主，获得群众支持；要注意宣传与教育

第十一章 班主任

（一）班主任工作概述

1. 工作的意义与任务
- （1）意义：①班主任是班的教育者和组织者，是学校进行教导工作的得力助手；②班主任工作的状况与质量，深刻影响班的精神面貌和发展趋向，影响每个学生的全面发展
- （2）任务：协调来自各方面对学生的要求和影响，有计划地组织教导活动，做好思想教育工作；对学生全面负责，把班培养为积极向上的集体，使每个学生得到充分发展

2. 班主任素质的要求：①为人师表的风范；②坚定的教育信念；③家长的情怀；④较强的组织亲和力；⑤多方面的兴趣与才能；⑥善于待人接物

（二）班主任工作的内容和方法★★

1. 了解和研究学生
2. 教导学生学好功课
3. 组织班会活动
4. 组织课外活动、校外活动和指导课余生活
5. 组织学生的劳动
6. 协调各方面对学生的要求
7. 评定学生操行
8. 做好班主任工作的计划与总结

（三）班集体的培养★★

1. 班集体的教育功能
- （1）班集体不仅是教育的对象，而且是教育的巨大力量
- （2）班集体是促进学生个性发展的一个重要因素
- （3）班集体特别能培养学生的自我教育能力

2. 学生群体及其主要类型
- （1）正式群体
  - ①含义：指在校行政、班主任或社会团体领导下，按一定章程组织起来的学生群体
  - ②特点：有明确的目的与任务；有一定的组织纪律；能够正常开展工作或活动
  - ③组织形式：班级的学生群体、共青团和少先队等
- （2）非正式群体
  - ①含义：指学生自发形成或组织起来的群体
  - ②特点：自愿结合，人数偏少；有共同的需要，或性情相近、志趣相投；强者领头，活动频繁，有活力；一般没有明确目的和系统的活动计划；成员不稳定
- （3）参照群体
  - ①含义：指学生个人乐意把它的目标、标准和规范作为自己的行为动机，调节自己思想和行为的一种群体，是学生个人心目中向往和崇尚的群体
  - ②组织形式：少先队、英雄人物等正面群体、偶像群体、不良负面群体等

3. 集体的发展阶段：①组建阶段；②核心初步形成阶段；③集体自主活动阶段

4. 培养集体的方法：①确定集体的目标；②健全组织、培养干部以形成集体核心；③有计划地开展集体活动；④培养正确的舆论和良好的班风；⑤做好个别教育工作

第十二章 教师（一）

（一）教师工作概述 ★★★

1. 教师劳动的特点：复杂性、示范性、创造性、专业性

2. 教师劳动的价值

（1）社会价值
- ① 从宏观上看，表现在对延续和发展人类社会的巨大贡献上
- ② 从微观上看，关系到年轻一代每个人的发展和幸福

（2）个人价值
- ① 首先在于这种劳动能够创造巨大的社会价值，因为个人价值的大小主要取决于他对社会的贡献
- ② 教师劳动比一般劳动更具有自我实现的价值
- ③ 教师劳动还能得到一般劳动所享受不到的乐趣

（3）正确认识和评价教师的劳动价值：教师的劳动价值具有模糊性、滞后性和隐蔽性

3. 教师的权利与义务

（1）权利：① 独立工作的权利；② 自我发展的权利；③ 参与管理的权利；④ 争取合理报酬、享受各种待遇的权利

（2）义务：
- ① 遵守宪法、法律和职业道德，为人师表
- ② 贯彻国家教育方针，遵守规章制度，执行教学计划，完成教育教学工作任务
- ③ 对学生进行宪法确定的教育，组织、带领学生开展有益的社会活动
- ④ 关心、爱护全体学生，尊重学生人格，促进学生全面发展
- ⑤ 批评和抵制有害于或者侵犯学生合法权益和学生健康成长的行为
- ⑥ 不断提高思想政治觉悟和教育教学业务水平

4. 教师职业的角色扮演

（1）教师的"角色丛"：①"家长代理人"和"朋友、知己者"；②"传道、授业、解惑者"；③"管理者"；④"心理调节者"；⑤"研究者"

（2）教师角色的冲突及其解决
- ① 社会"楷模"与"普通人"的角色冲突
- ②"令人羡慕"的职业与教师地位低下的实况冲突
- ③ 教育者与研究者的角色冲突
- ④ 教师角色与家庭角色的冲突

（3）社会变迁中教师角色发展的趋势
- ① 在教学过程中更多地履行多样化职能和承担组织教学的责任
- ② 从强调知识的传授转向着重组织学生的学习，并最大限度地开发新的知识资源
- ③ 注重学习个性化，改进师生关系
- ④ 实现教师间更为广泛的合作，改善教师间的关系
- ⑤ 更广泛地利用现代教育技术，掌握必需的知识与技能
- ⑥ 更密切地与家长和其他社区成员合作，更经常地参与社区生活
- ⑦ 更广泛地参加校内服务和课外活动
- ⑧ 削弱加之于孩子们身上，特别是大龄孩子及其家长身上的传统权威

第十二章 教师（二）

（二）教师的素养 ★★★

1. 高尚的师德
- （1）热爱教育事业，富有献身精神和人文精神
- （2）热爱学生，诲人不倦
- （3）热爱集体，团结协作
- （4）严于律己，为人师表

2. 宽厚的文化素养：好教师的条件之一就是要有比较渊博的知识和多方面的才能，同时还应有比较广博的文化修养

3. 专门的教育素养
- （1）教育理论素养：指教师对教育科学基本理论知识的掌握，能恰当地运用教育学、心理学的基本概念、范畴、原理去处理教育教学中的各种问题等
- （2）教育能力素养：①课程开发能力；②良好的语言表达能力；③组织与引导教学能力；④机智应变与创新能力
- （3）教育研究素养：指教师运用一定的观点方法，探索教育领域的规律和解决问题的能力

4. 健康的心理素质：教师要有轻松愉悦的心境，昂扬振奋的精神，乐观幽默的情绪以及坚韧不拔的毅力

（三）教师的培养与提高 ★★

1. 紧迫性
- （1）教师的分布与结构失调
- （2）教师的质量不均衡
- （3）教师队伍不够稳定，师资流失严重
- （4）不少教师还缺乏现代教育的意识与能力

2. 教师个体专业性发展的过程
- （1）教师专业发展：又称教师专业成长，是指教师在整个专业生涯中，依托专业组织、专门的培养制度和管理制度，通过持续的专业教育，习得教育教学专业技能，形成专业理想、专业道德和专业能力，从而实现专业自主的过程。包括教师群体的专业发展和教师个体的专业发展
- （2）教师个体专业性发展
  - ①含义：指教师作为专业人员，从专业理想到专业知识、专业能力、专业心理品质等方面由不成熟到比较成熟的发展过程，即由一个专业新手发展成为专家型教师或教育家型教师的过程
  - ②凯兹四阶段
    - 求生期：工作第一年，努力适应以求得生存
    - 强化期：一年后，对学生情况有了基本了解，注意力放在有问题的学生身上
    - 求新期：在第三和第四年时，教师开始寻求新的教育教学方法
    - 成熟期：三五年后，成为一个专业工作人员，能对教育问题做出反省性思考
  - 叶澜五阶段："非关注"阶段；"虚拟关注"阶段；"生存关注"阶段；"任务关注"阶段；"自我更新关注"阶段
  - ③途径：师范教育；新教师的入职辅导；教师的在职培训；教师专业发展学校；同伴互助；教师的自我教育

3. 培养和提高教师素养的主要途径
- （1）加强和改革师范教育
- （2）实施教师资格考察制度
- （3）加强教师在职提高

第一部分 教育学基础

第十二章 教师（三）

（四）师生关系 ★★

1. 含义与作用

（1）师生关系：指教师和学生在教育教学过程中结成的相互关系，包括彼此所处的地位、作用和相互对待的态度等

（2）作用
- ①良好的师生关系是教育教学活动顺利进行的 重要条件
- ②是衡量教师和学生学校生活质量的 重要指标
- ③是一种重要的 课程资源 和 校园文化
- ④师生关系作为学校中 最基本、最重要 的人际关系，是一所学校的精神风貌、校风、教风、学风的 整体反映 和 最直观反映
- ⑤师生关系状况投射出学校价值取向、人际关系状况、管理水平等
- ⑥师生关系作为 校园文化的组成部分，对学校精神文化的建设、对学生在校的发展和今后的成长起重要作用

2. 类型、模式及调节

（1）类型
- ①以年轻一代成长为目标的 社会关系
- ②以直接促进学生发展为目标的 教育关系
- ③以维持和发展教育关系为目标的 心理关系

（2）模式：放任型、专制型、民主型

（3）调节
- ①社会调节：主要有法律调节、道德调节；法律调节的原则是保护学生的合法权益，道德调节的原则是公平公正、民主平等
- ②学校调节：原则是 公开、公平、公正
- ③教师调节：原则是 教学相长、人际和谐、心理相容

3. 理想师生关系的建立

（1）影响师生关系的因素
- ①教师方面：教师对学生的态度；领导方式；教师的智慧；教师的人格因素
- ②学生方面：学生对教师的认识
- ③环境方面：学校的人际关系环境和课堂的组织环境

（2）理想师生关系的基本特征
- ①尊师爱生，相互配合
- ②民主平等，和谐亲密
- ③共享共创，教学相长

（3）良好师生关系构建的基本策略
- ①了解和研究学生
- ②树立 正确的学生观
- ③热爱、尊重学生，公平对待学生
- ④主动与学生沟通，善于与学生交往
- ⑤努力 提高自我修养，健全人格

第十三章 学校管理（一）

（一）学校管理概述 ★

1. 学校管理的概念
- （1）概念：是管理者通过一定的组织形式以实现学校教育目标的活动
- （2）特性
  - ①以育人为中心，具有教育性
  - ②实质是为师生服务，具有服务性
  - ③在特定文化环境中进行，具有文化性
  - ④是对校内外各种资源的有效整合，具有创造性

2. 构成要素
- （1）学校管理者：指在学校管理活动中处于领导地位、发挥引领作用的人。包括正、副校长和各个职能部门的负责人
- （2）学校管理对象：学校管理者认识和实践的对象，包括学校的人、财、物、时间、空间和信息等资源
- （3）学校管理手段：包括学校的组织机构和规章制度

3. 学校管理体制
- （1）内涵：是学校管理的枢纽，对学校管理功能的实现发挥着全局性、根本性的作用。包括学校组织机构体制和学校领导体制两个方面
- （2）校长负责制：指校长受上级政府主管部门的委托，在党支部和教代会的监督下，对学校进行全面领导和负责的制度
  - ①明确校长的权利与责任
  - ②发挥党组织的保证监督作用
  - ③加强民主管理和监督

（二）学校管理的目标与过程

1. 目标
- （1）概念与意义
  - ①概念：指学校管理主体对管理活动的要求和期望，即通过管理活动所要达到的状态、标准和结果
  - ②三特性：向量性、集合量性、预计量性
  - ③四作用：导向作用、激励作用、调控作用、评价作用
- （2）定位：通过科学而规范的管理，最大限度地利用校内外的各种资源和办学优势，发挥学校的效能，提高学校的教育教学质量
- （3）实施要求
  - ①保持各种管理目标的协调一致
  - ②建立高效率的管理组织系统
  - ③组建一支高水平的学校管理队伍
  - ④采取科学的管理方法和手段

2. 过程
- （1）基本环节：①计划；②实施；③检查；④总结
- （2）相互关系：相互联系、相互制约、循序渐进、首尾相连的有机整体

第一部分 教育学基础

第十三章 学校管理（二）

（三）学校管理的内容和要求

1. 教学管理： ① 教学思想管理；② 教学组织管理；③ 教学质量管理

2. 教师管理
- （1）性质：是学校管理的一个重要组成部分，有其特殊性
- （2）内容：
  - ① 教师的选拔：资格控制、编制控制、录用控制
  - ② 教师的任用：因事择人、扬长避短、新老搭配、立足全局
  - ③ 教师的培养：适应现代教育发展需要作为出发点；长远规划和短期目标相结合；建立健全学习和进修制度，使教师培养工作规范化、制度化；坚持改革创新，加强教师培训工作的针对性和实效性
  - ④ 教师的考评：坚持平时考核与定期考核相结合，以平时考核为主；坚持领导考评、群众考评和自我考评相结合，使考评主体多元化；坚持定性考评和定量考评相结合，力求考评结果公平、全面、切实；坚持考评和奖惩相结合，发挥考评的激励功能
- （3）发展趋势：① 逐步实现职务聘任制；② 趋向科学化、人性化和服务化；③ 注重发挥教师组织的效应

3. 学生管理
- （1）内容：① 思想品德管理；② 学习管理；③ 健康管理；④ 学生组织的管理；⑤ 课外活动管理
- （2）要求：
  - ① 遵照国家的法律法规要求，对学生进行依法管理
  - ② 依据学生的身心发展特点，对学生进行科学管理
  - ③ 发挥学生的主动性，引导学生进行自我管理

4. 总务管理
- （1）内容：主要包括财务管理、生活管理、校产管理和环境管理等方面
- （2）要求：
  - ① 管理者要深入基层了解实际情况，增强工作的针对性
  - ② 把教学服务放在首位，想方设法为教学提供必要的资金和设备，不断改善教学环境和条件，妥善保管各种仪器和设备，做到物尽其用
  - ③ 坚持勤俭节约、廉洁奉公的原则是做好总务工作的重要保障

（四）学校管理的发展趋势 ★★

1. 法治化： ① 转变行政管理职能，切实依法行政；② 加强制度建设，依法加强管理；③ 推进民主建设，完善民主监督；④ 加强法制教育，提高法律素质；⑤ 严格教师管理，维护教师权益；⑥ 完善学校保护机制，依法保护学生权益

2. 人性化： ① 考虑人的因素，一切要从人的实际出发；② 考虑个体差异，懂得每个人都有自己的思想、情感、兴趣和爱好；③ 强调人的内在价值，把满足作为工作的起点，通过激励的方式来提高工作效率；④ 努力构建充满尊重、理解和信任的人际环境，增强教职工和学生的集体归属感；⑤ 加强校园文化环境建设，充分发挥校园文化的管理和育人功能；⑥ 转变管理观念和方式，贯彻管理即育人、管理即服务的思想

3. 民主化： ① 学校管理者应充分肯定个体价值，树立"以人为本"的管理理念；② 广大教职员工要不断提高自身素质，积极参与民主管理；③ 管理体制上要充分保障教职员工的民主参与权利

4. 信息化： ① 加强硬件投入与软件开发，打好学校管理信息化的物质基础；② 提高学校教职员工的信息管理素养，以保障信息化管理的运行；③ 完善学校信息化管理规章制度，以便学校信息化管理有效性

5. 校本化： ① 力行简政放权；② 倡导民主管理；③ 开展校本研究

第二部分 中国教育史

稷下学宫是战国时期齐国一所著名的学府,它既是战国百家争鸣的中心与缩影,也是当时教育上的重要创造

第二部分 中国教育史

第一章 甲骨卜辞中的商代学校

1. 庠：虞舜时期教养机构名称的承袭。利用养老活动，对年轻一代进行思想道德教育，以达到推行孝悌教育的效果
2. 序：夏时期教养机构名称的承袭。以习射为义，保留了军事体育训练的内容，同时也强调思想品德修养
3. 大学和小学：也称右学和左学，根据不同年龄划分。表明商代已根据不同年龄提出不同的教育要求，实际划分了教育阶段
4. 瞽宗：商代大学的名称，以乐教为主，是当时贵族子弟学习礼乐的学校

第二章 西周教育制度与六艺教育

（一）学在官府 ★

1. 含义：因国家管理的需要，西周奴隶主贵族制定法纪规章，将其汇集成专书，由当官者来掌握。这种现象历史上称为"学术官守"，并由此造成"学在官府"，是西周文化教育的主要特征

2. 重要标志：政教合一，官学一体

3. 原因：
   ① 唯官有书，而民无书
   ② 唯官有器，而民无器
   ③ 唯官有学，而民无学

（二）大学和小学

国学按照学生的年龄与程度可分为大学与小学

1. 小学：① 学习年限为7年；② 教育内容是德、行、艺、仪几方面，首先强调德行教育。实际是关于奴隶主贵族道德行为准则和社会生活知识技能的基本训练

2. 大学：① 学习年限为9年；② 教学内容是"学大艺，履大节"。实行分科教学，以礼乐为重，射御次之。教学具有计划性。③ 学生类型：一类是贵族子弟；一类是平民中的优秀分子。体现其等级性

（三）国学和乡学

1. 国学：设在王都的小学、大学。专为奴隶主贵族子弟设立，具有明显的等级性

2. 乡学：设在郊外六乡行政区中的地方学校。由司徒负责，教育内容为"乡三物"。乡学和国学等级有别，但有一定联系。乡学实行定期的考察和推荐，把贤能者选送至司徒，择优送至国学

（四）家庭教育

1. 对象：西周的贵族子弟

2. 主要内容：基本的生活技能和习惯教育、礼仪规则、初级的数的观念、方位观念和时间观念的教育

3. 特点：① 在男尊女卑的思想支配下，7岁开始进行男女有别的教育，要求男治外事，女理内事；② 按儿童年龄的发展提出不同要求，具有明显的计划性

（五）"六艺"教育 ★★★

1. 含义：西周的教育内容可以总称为六艺教育，是西周教育的特征和标志。"六艺"即礼、乐、射、御、书、数。其中礼、乐、射、御为"大艺"，是大学的课程；书、数为"小艺"，是小学的课程

2. 内容：
   （1）礼乐：六艺教育的中心。礼包括政治、伦理、道德、礼仪等各个领域，以约束人们的外部行为，具有一定强制性。乐是艺术教育，包括诗歌、音乐、舞蹈，重在陶冶人们内心的情感

   （2）射御：军事训练课。射，指射箭的技术训练；御，指驾驭马拉战车的技术训练

   （3）书数：基础文化课。书，即文字书写；数，即算法。中国历史上记载最早的儿童识字课本是《史籀篇》，供西周小学文字教学使用

第三章 私人讲学的兴起与传统教育思想的奠基（一）

（一）私人讲学的兴起 ★★★

1. 私人讲学兴起
（1）原因：①官学衰微；②学术下移；③士阶层出现与养士之风盛行；④生产力的发展
（2）意义：①冲破了"学在官府"的束缚，使学校从王宫官府中解放出来；②扩大了教育对象；③使教育内容与教育方式得到了新的发展；④在教育理论和教育经验方面有光辉成就；⑤依靠自由办学、自由就学、自由讲学、自由竞争发展教育事业，开辟了中国教育史的新纪元

2. 诸子百家的私学
（1）"百家争鸣"原因：
①养士之风盛行，为战国诸子百家争鸣创造了条件
②各国执政者的竞相罗致供养，强化了士的独立意识，提高了他们的社会地位
③各国执政者竞相养士和用士于实现政治斗争

（2）"百家争鸣"的意义：
①各个学派之间、同一学派不同流派之间，既相互斗争又相互影响和吸取
②影响当时社会变革的进行和后世人们的思想学术活动

3. 齐国的稷下学宫
（1）性质：官家举办而私家主持的特殊形式的学校。是一所集讲学、著述、育才活动为一体并兼有咨议作用的高等学府
（2）特点：①学术自由；②待遇优厚；③学无常师；④学生管理上，制定了历史上第一个学生守则《弟子职》
（3）历史意义：①促进了战国时期思想学术的发展；②显示了中国古代士人的独立性和创造精神；③创造了一个出色的教育典范

（二）孟子的教育思想 ★

1. 思孟学派
孟子受业于孔子之孙子思的门徒，一生崇拜孔子。子思、孟子之学，后世称为思孟学派

2. "性善论"与教育作用
（1）性善论：人性的善，是缓慢进化的结果。"性善论"指出，教育与学习是人的必须，是人的可能；教育与学习必须遵循人的内在依据，发扬人的自觉
（2）教育作用：①个人作用：扩充善性（端）；②社会作用：得民心

3. "明人伦"与教育目的
孟子概括出中国古代学校的目的是"明人伦"，通过实现它为政治服务，至此明确了中国古代教育的性质，即宗法的社会—伦理的教育

4. 人格理想与修养学说
（1）"大丈夫"的理想人格：①高尚的气节；②崇高的精神境界（富贵不能淫，贫贱不能移，威武不能屈）
（2）修养方法：①持志养气；②动心忍性；③存心养性；④反求诸己

5. 教学思想
（1）因材施教：强调对不同情形的学生采取不同的教法，一切因人而异
（2）深造自得：在思维和感官之间，孟子更倾向于强调思维。深入地学习和钻研，必须有自己的收获和见解，学习中更重要的是感性学习到理性思维转化
（3）盈科而进：强调学习和教学过程要循序渐进
（4）专心致志：个体学习上的差异取决于其在学习过程中专心致志与否，而非天资

（第二部分 中国教育史）

第三章 私人讲学的兴起与传统教育思想的奠基（二）

（三）孔子的教育实践与教育思想 ★★★

1. 创办私学与编订"六经"
- （1）创办私学：孔子三十岁左右时，正式招生办学，开始教育生涯；四十岁左右，孔子形成了自己的学说，在私学组织的基础上创立了儒家学派
- （2）创编"六经"：编纂和校订了《诗》《书》《礼》《乐》《易》《春秋》，整理和保存了我国古代文化典籍，奠定儒家教育内容的基础

2. "庶、富、教"：教育与社会发展
- （1）教育的社会作用：教育的发展要建立在经济发展的基础上。孔子在中国历史上最先论述了教育与经济发展的关系
- （2）含义：庶，要有较多劳动力；富，要使人民群众有丰足的物质生活；教，要使人民受到政治伦理教育，知道如何安分守己

3. "性相近也，习相远也"：教育与人的发展
- （1）教育的个体作用：在历史上首次提出"性相近也，习相远也"。人的先天素质没有多大差别，是由于后天教育和社会环境的影响作用，才造成人的发展有重大的差别
- （2）含义：性，指先天素质；习，指后天习染，包括教育与社会环境的影响

4. "有教无类"与教育对象：打破了贵贱、贫富和种族的界限，把受教育的范围扩大到平民，这是历史性的进步，有利于中华民族文化的发展

5. "学而优则仕"与教育目标
- （1）含义：学习是通向做官的途径，培养官员是教育最主要的政治目的，而学习成绩优良是做官的重要条件
- （2）意义：
  - ①确定了培养统治人才的教育目的，反映了封建制兴起时的社会需要，成为当时知识分子积极学习的巨大推动力量
  - ②与"任人唯贤"路线配合一致，为封建官僚制度的建立准备条件
  - ③适应社会发展要求，反映了一定的规律性，直到现代还有实际意义

6. 以"六艺"为教育内容：孔子教学的"六艺"即其编撰的"六经"。教学特点：①偏重社会人事；②偏重文事；③轻视科技与生产劳动

7. 教学方法
- （1）因材施教。孔子在历史上首倡因材施教。主张在了解学生的基础上，根据学生的具体情况，有针对性地进行教育。最常用方法：谈话、个别观察
- （2）启发诱导。孔子在世界上最早提出启发式教学。他认为不论学习知识或培养道德，都要建立在学生自觉需要的基础上，充分发挥学生的主动性。思考方法：由博返约、叩其两端
- （3）学思行结合。"学而知之"是孔子进行教学的主导思想，学是求知的途径和唯一手段。提倡学习知识面要广泛，在学习的基础上认真深入地进行思考，把学习与思考结合起来
- （4）好学与实事求是的态度。①要有好学、乐学的态度；②要有不耻下问的态度；③要有实事求是的态度

8. 论道德教育
- （1）主要内容：孔子以礼为道德规范，以仁为最高道德准则；提出忠与孝为最重要的两项道德规范
- （2）道德教育原则和方法：①立志；②克己；③力行；④中庸；⑤内省；⑥改过

9. 论教师品格
- （1）学而不厌。教师应重视自身学习修养，掌握广博的知识，具有高尚品德，这是教人的前提条件
- （2）诲人不倦。教师要以教为业，以教为乐，树立"诲人不倦"的精神
- （3）温故知新。教师要掌握政治、历史知识，借鉴有益的历史经验认识当代社会问题，知道解决问题的方法。也指温习旧知识时能积极思考，从而获得新知识
- （4）以身作则。言教以说理提高道德认识，身教以示范指导行为方法，身教比言教更为重要
- （5）爱护学生。鼓励学生努力进德修业，对学生充满信心，对他们的发展抱有乐观态度
- （6）教学相长。教学过程中，教师对学生不单是知识传授，而是可以教学相长的。学生得到启发，思考问题更有深度；教师于此反受启发，向学生学习而获益

10. 历史影响：①创立私学，开创私人讲学之风，改变"学在官府"的局面，成为百家争鸣的先驱；②实行"有教无类"的方针，扩大受教育的范围，使文化教育下移到平民；③培养从政君子，提倡"学而优则仕"，为封建官僚的政治改革准备了条件；④重视古代文化的继承和整理，编纂"六经"作为教材，保存了中国古代文化；⑤总结教育实践经验，首倡启发式教育，实行因材施教；⑥重视道德教育，提出道德修养应遵循的重要原则；⑦要求教师具有良好的职业道德，树立了作为一个理想教师的典型形象

第三章 私人讲学的兴起与传统教育思想的奠基（三）

（四）荀子的教育思想 ★

1. 荀子与"六经"传授：孔子整理的"六艺"多为荀子传授，被称为"六经传人"
2. "性恶论"与教育作用
   - （1）性恶论：人之所以能为善，全靠后天的努力。否定了先天道德论，是具有进步意义的，在否定孟子的"良知""良能"说上具有更加明显的唯物主义因素
   - （2）教育对人的作用
     - ① 性伪之分。性，指人的先天素质、自然状态；伪，指后天获得的品质
     - ② 性伪之合。性与伪是区别乃至对立的，但也有联系。只有二者结合，才能实现对人的改造和对社会的改造
     - ③ 化性起伪。荀子认为，人的成就是环境、教育和个体努力共同作用的结果
   - （3）教育对社会的作用：教育能统一思想和行动，使兵劲城固，国富民强
3. 培养目标：荀子把儒者划分为俗儒、雅儒、大儒。大儒不仅知识广博，而且能以已知推未知，自如应对从未见过的新事物、新问题，自如地治理好国家。教育应当以大儒作为理想目标
4. 教育内容：荀子注重古代典籍的学习，以儒经为教学的主要内容。在诸经中，尤重《礼》
5. "闻见知行"结合的学习过程与方法
   - （1）闻见：是学习的起点、基础和知识的来源
   - （2）知：学习应善于运用思维的功能把握事物的本质和规律
   - （3）行：指人的社会实践，是学习必不可少的也是最高的阶段
6. 论教师
   - （1）地位：提倡尊师，将教师视为治国之本
   - （2）作用：教师通过施教参与国家的治理
   - （3）师生关系：片面强调学生对教师的服从，主张"师云亦云"
   - （4）对教师的要求：有尊严而令人起敬；德高望重；讲课有条理而不违师法；见解精深而表达合理

（五）墨家的教育实践与教育思想 ★

1. 阶级立场：代表"农与工肆之人"的利益
2. "素丝说"与教育作用
   - （1）素丝说：有什么样的环境与教育就造就什么样的人
   - （2）教育作用：通过教育建设一个民众平等、互助的"兼爱"社会，通过"上说下教"的方法实现政治主张，掌握政治权利和发展社会生产
3. 培养目标：培养"兼士"或"贤士"。三条标准：① 博乎道术；② 辩乎言谈；③ 厚乎德行
4. 教育内容：① 政治和道德教育；② 科学和技术教育；③ 文史教育；④ 培养思维能力的教育
5. 教育方法：① 主动说教；② 善述善作；③ 合其志功；④ 量力

（六）道家的教育思想

1. 道家学派：起于春秋末而盛于战国，因其代表人物老子、庄子以"道"为学说中心而得名
2. "法自然"与教育作用
   - （1）"法自然"：道家强调的人是自然的人，人的理想状态是如同婴儿般的无知无欲的朴素状态
   - （2）教育作用：对人"虚其心，实其腹，弱其志，强其骨""为腹不为目"
3. 追求"逍遥"的人格理想："逍遥"即对是非、功名、利害、生死一切都已无动于衷，达到了精神的绝对自由
4. 提倡怀疑的学习方法：庄子对自然现象、社会现象和人的意识是怀疑的，对孔子及其"六经"也持怀疑态度

（七）法家的教育思想 ★

1. "人性利己说"与教育作用：人性观表现为绝对的"性恶论"。强调法治对改造人的自私品质的作用，主张严格要求，但忽视了自我道德教育的必要性，否认了教育存在的价值
2. 禁私学：认为私学学派的存在造成思想的纷乱和不统一，韩非将私家学派称为"二心私学"，并立法废除私学
3. "以法为教""以吏为师"："以法为教"表达了法家推行法治教育的内容，"以吏为师"表达了推行法治教育的实现手段

第三章 私人讲学的兴起与传统教育思想的奠基（四）

（八）战国后期的教育论著 ★★★

1.《大学》

（1）概述：儒家学者论述大学教育的一篇论文，着重阐明大学教育的纲领。它对大学教育的目的、程序和要求做了完整、扼要、明确的概括

（2）三纲领："明明德""亲民""止于至善"是儒家对大学教育目的和为学做人目标的纲领性表达，表达了儒家以教化为手段的仁政、德治思想

（3）八条目：为了实现三纲领，提出了八个步骤，即格物、致知、诚意、正心、修身、齐家、治国、平天下。作为对先秦儒家为学过程最为明确、概括和完整的表述

2.《中庸》

（1）概述：主要阐述先秦儒家的人生哲学和修养问题，提出了"中庸之道"，即一种道德修养，为人处世的准则与方法，与《大学》互为阐发

（2）"尊德性"与"道问学"
- ① 内涵：《中庸》开篇指出，天所赋予人的就叫作"性"，循性而行就叫作"道"，修治此道叫作"教"
- ② 途径：
  - 发掘人的内在天性，进而做到对外部世界的体认，这就是"尊德性"或"自诚明，谓之性"
  - 通过向外部世界的求知，以达到人的内在本性的发扬，这就是"道问学"或"自诚明，谓之教"

（3）学问思辨行："博学之，审问之，慎思之，明辨之，笃行之"，这一表述概括了知识获得过程的基本环节和顺序，是对先秦儒家学习过程思想的发挥和完整表述

3.《学记》

（1）概述：中国古代最早专门论述教育、教学问题的论著，有人认为它是"教育学的雏形"

（2）教育作用与教育目的
- ① 对个人：通过对人有目的、有计划地培养，使每个人都形成良好的道德和智慧，懂得去维护国家利益和社会安定
- ② 对社会：实现良好政治的最佳途径是"化民成俗"；以教化人民群众遵守社会秩序，养成良风美俗

（3）教育制度和学校管理
- ① 学制和学年
  - 学制：提出从中央到地方按行政建制建学的设想
  - 学年：大学教育年限定为两段五级九年。第一、三、五、七学年为第一段，完成谓之"小成"，第九学年为第二段，完成谓之"大成"。是古代年级制的萌芽
- ② 视学与考试
  - 视学：开学之日，天子亲自参加开学典礼，祭祀"先圣先师"。此外，定期视察学宫，体现国家对教育的重视
  - 考试：学习过程中，规定每隔一年考查一次，表示这一阶段学业的完成

（4）教育教学的原则
- ① 预防性原则：事先估计学生可能会产生的种种不良倾向，采取预防措施
- ② 及时施教原则：掌握学习的最佳时机，适时而学，适时而教
- ③ 循序渐进原则：教学必须遵守一定的顺序，包括内容的顺序和年龄的顺序
- ④ 学习观摩原则：学习要相互观摩，取长补短。同时，借助集体的力量进行学习
- ⑤ 长善救失原则：教师要注意学生的个别差异，帮助他们发扬优点，克服缺点
- ⑥ 启发诱导原则：教学要重视启发诱导，注意教师引导
- ⑦ 藏息相辅原则：正课学习、课外活动和自习合理分配，让学生感受到学习的乐趣，使学习成为学生的一种内在需要

（5）教育教学的方法：① 讲解法；② 问答法；③ 练习法

（6）尊师重教：首先，社会要尊师，君主应带头；其次，把为师、为长、为君视为一个逻辑过程，使为师实际上成为为君的一种素质、一项使命

（7）"教学相长"：《学记》将教学相长作为教师自我提高的规律。其本意仅指教这一方的以教为学。说明了教师本身的学习是一种学习，而教导他人的过程更是一种学习，这两种不同形式的学习相互推进，使教师不断进步

第四章 儒学独尊与读经入仕教育模式的形成（一）

（一）秦代的教育政策与措施

1. 统一文字：为顺应客观需要，秦始皇采纳了李斯的建议，以新的字体——小篆，编写字书颁发全国
2. 禁止私学：为加强中央集权的君主专制政治的需要，对私学采取了严厉禁止的政策，除秦国的历史、卜筮用书、农书和医书外，其他文史书籍一律烧毁
3. 实行吏师制度：为达到思想的高度统一，也为培养一大批知法、执法的封建官吏，实现以法治国的目的，秦采取了"以法为教，以吏为师"的教育政策

（二）"独尊儒术"的文教政策

1. 罢黜百家，独尊儒术：董仲舒为巩固封建大一统的政治局面，提出"独尊儒术"思想。汉武帝接受了他的建议，自此儒学成为统一的指导思想和官学的主要内容
2. 兴太学以养士：为保证封建国家在统治思想上的高度统一，也为改变统治人才短缺的局面，董仲舒提出由国家设立学校，培养贤士
3. 实行察举，任贤使能：针对汉初人才选拔的弊病，董仲舒提出了加强选举、合理任用人才的主张，同时强调"量材而授官，录德而定位"的用人思想
4. 措施：① 立五经博士；② 开设太学；③ 确立察举制

（三）董仲舒的教育思想

1. 《对贤良策》与三大文教政策
   - （1）罢黜百家，独尊儒术
   - （2）兴太学以养士
   - （3）重视选举，任贤使能

2. 论人性与教育作用
   - （1）"性三品"说：人性划分为三种不同等级，即"性三品"：圣人之性、中民之性、斗筲之性。教育对不同的人所起的作用不同
   - （2）教育作用
     - ① 圣人能够自觉控制自己的感情欲望，注定要向善发展
     - ② 斗筲之人难以进行自我节制，只有用刑罚制止他们作恶
     - ③ 中民之性代表万民，教育对他们的发展具有决定性作用，是教育的主要对象

3. 论道德教育
   - （1）德教是立政之本：主张教化与刑罚并用，但强调以道德教化为本为主，刑罚为末为辅
   - （2）以"三纲五常"为核心的道德教育内容：三纲五常是董仲舒思想体系的核心，也是道德教育的中心内容。三纲，即君为臣纲，父为子纲，夫为妻纲；五常，即仁、义、礼、智、信
   - （3）道德教育的原则与方法：① 确立重义轻利的人生理想；②"以仁安人，以义正我"；③"必仁且智"

第二部分 中国教育史

第四章 儒学独尊与读经入仕教育模式的形成（二）

（四）汉代的学校教育制度 ★

1. 经学教育

（1）今古文经
- ① 今文经学：凭经学大师记忆、背诵，采用隶书记录下来的六经旧典，发展在先
- ② 古文经学：依据汉武帝时从地下或孔壁中挖掘出来，或通过其他途径保存下来的儒经藏本，发展在后

（2）章句之学与师法、家法
- ① 章句之学：古籍本无标点段落，经师依照经文的顺序，进行断句并划分章节，然后逐字逐句地进行解说，这样便形成了章句之学，也称经说
- ② 师法：指汉初立为博士或著名经学大师的经说，由于章句之学表现了不同经师的学术风格，这样就形成了不同的师法
- ③ 家法：如果大师的弟子对师说有所发展，能够形成一家之言，被学术界和朝廷承认，便形成家法

（3）经学会议与石经
- ① 经学会议：为达到统一经学的目的，皇帝会召集一些著名学者对儒学进行讨论。其中最重要的两次会议是石渠阁会议和白虎观会议
- ② 石经：为了统一经学教材，蔡邕等人于东汉年间倡议镌刻石经，立于太学门外，作为规范的经学教科书

2. 太学

（1）设置与发展：汉武帝为博士置弟子，标志着太学的正式设立和以经学教育为基本内容的中国封建教育制度的正式确立

（2）教师和学生：太学的正式教师是博士；学生被称为"博士弟子、诸生、太学生"，来源于京都或京郊和地方

（3）教学内容和教学形式
- ① 教学内容：传授单一的儒家经典
- ② 教学形式：采用个别或小组教学，后期出现"大都授"的集体上课形式。此外，次第相传的教学形式也在太学内出现

（4）太学生的考试及出路：考试采用"设科射策"的形式；学生所取得的实际等级是授官的依据

3. 鸿都门学：创于东汉灵帝光和元年，因校址在洛阳的鸿都门而得名。性质上属于研究文学艺术的专门学校，是宦官为抵抗官僚势力而建，其学生在政治上代表宦官集团的利益

4. 郡国学

（1）创办：又称地方官学。汉景帝时，蜀郡太守文翁到达成都后，积极兴办文化教育事业，发展儒学思想，改变了当地的风俗，促进了经济的发展，史称文翁兴学

（2）办学目的：① 培养本郡的属吏，并向朝廷推荐地方学校中的优秀学生；② 通过学校定期举行的"乡饮酒""乡射"等传统行礼活动，向社会普遍推行道德教化

第五章 封建国家教育体制的完备（一）

（一）魏晋南北朝官学的变革

1. 西晋的中央官学
   - （1）太学：曹魏太学的继续与发展
   - （2）国子学：旨在培养贵族子弟的学校，规定官品第五以上的子弟方能入学。标志着中央官学多样化，等级性更加明显

2. 南朝宋的中央官学
   - （1）四馆：宋文帝先后设立儒学馆、玄学馆、史学馆、文学馆。四馆并列，各就其专业招收学生进行教学
   - （2）总明观（东观）：置祭酒，设儒、玄、文、史四科。它是集藏书、研究、教学三位一体的机关，教学任务已退居次要地位

3. 北魏的中央官学：明元帝时改国子学为中书学（首创），属中书省管辖，学内设中书博士教授学生；设皇宗学（首创），强调皇室教育

（二）隋唐学校教育体系的完备

1. 文教政策的探索与稳定
   - （1）崇儒兴学，作为推行教化的根本
   - （2）兼用佛道，作为控制民众思想的工具
   - （3）积极发展科举，作为选拔人才、改进吏治的重要途径
   - （4）提倡民间办学，听任私学发展，以补充官学

2. 中央政府教育管理机构确立：隋文帝时期，为加强对教育事业的管理和领导，在中央设国子寺，设祭酒总管教育事业。这是我国历史上第一次由中央政府设立专门管理教育的机构和官员，标志着我国封建教育已发展成为独立部门的时代。大业三年改为国子监，名称一直沿用至清朝

3. 中央和地方官学体系完备
   - （1）中央官学：
     - ①隋朝：设有五学，即国子学、太学、四门学、书学和算学，统归国子监管理
     - ②唐朝：主干是国子监领导下的六学一馆。六学即国子学、太学、四门学、书学、算学和律学，一馆即广文馆
   - （2）地方官学：隋唐都实行州县二级制。唐朝地方官学分为经学、医学、崇玄学，由府州长史主管

4. 学校教学管理制度齐备
   - （1）入学制度：唐代中央官学实行等级入学制度，申请入国子监的学生，有年龄限制
   - （2）学礼制度：①束脩之礼；②国学释奠礼；③贡士谒见及使者观礼
   - （3）教学制度：各类型的学校教学内容具有具体性和专业性，且都规定了各门课程的修业时限
   - （4）考核制度：阶段考试，有旬试、月试、季试、岁试、毕业试
   - （5）惩罚制度：对学生不同情节的犯错，给予不同的惩罚处分
   - （6）休假制度：旬假、田假、授衣假

5. 私学发展
   - （1）私学发展的原因：①社会民众的需要；②政府政策的倡导；③隋唐经济的繁荣
   - （2）分类
     - ①初级私学：进行启蒙的识字教育和一般的生活与伦理常识教育。主要有乡学、村学、私塾、家塾、家学
     - ②高级私学：进行专经传授或其他专业知识技术传授，教育对象是已受过初级私学教育而具有一定文化基础，要求进一步提高而受专业教育的青年
   - （3）书院的创立：主要由民间私学设立，有藏书和教学活动，学习内容适合科举考试，知识面较广

6. 学校教育制度的特点
   - （1）学校体系的形成：官学是教育的主干，私学是其重要补充
   - （2）教育行政体制分级管理的确立：中央官学由国子监祭酒管理，地方官学由州县长官管理
   - （3）学校内部有教学管理制度及法规
   - （4）专业教育受重视：从教育制度发展过程考察，这是实科教育的首创
   - （5）学校教育与行政机构及事务部门的结合

第五章 封建国家教育体制的完备（二）

（三）科举制度的建立 ★★

1. 科举制度的产生和发展：科举制由察举制演化而来，产生于隋，发展于唐，隋朝"始建进士科"是科举制确立的标志

2. 考试的程序、科目和方法
- （1）考试的程序：考生来源主要有生徒和乡贡。具体程序为乡试—省试（礼部试）—吏部试
- （2）考试科目
  - ① 制科：由皇帝根据需要下诏举行。招收非常之才，考试由皇帝亲自主持
  - ② 常科：每年定期举行，科目有秀才、明经、进士、明法、明字、明算六科
- （3）考试方法：唐代科举考试的方式有口试、帖经、墨义、策问、诗赋五种

3. 科举制度与学校的关系
- （1）相互促进：① 学校教育制度培养人才，输送人才供科举考试选拔，是科举赖以生存的基础；② 科举制度选拔人才，同时也为学校培养的人才开辟了政治出路；③ "学而优则仕"的教育传统使科举成为联通学校教育与从政为官的桥梁；④ 学校教育与科举考试皆独立而并举，关系相当密切
- （2）相互制约：科举对学校教育发挥导向和调控作用，直接影响学校的教育内容和考试方式。学校为使学生能适应科举考试的要求，逐渐只重视考试的训练

4. 科举制度的影响
- （1）积极影响
  - ① 扩大了统治基础，有利于加强中央集权统治
  - ② 标准统一，制度健全，选拔人才较客观公正
  - ③ 考教合一，促进了学校教育的发展
- （2）消极影响
  - ① 国家只重科举取士，而忽略学校教育
  - ② 科举束缚思想，败坏学风
  - ③ 在科举制的影响下，人们读书的目的不是求知求真，而是获取功名利禄
  - ④ 科举考试内容的狭隘也阻碍了中国文化的和谐发展

（四）颜之推的教育思想 ★

1. 颜之推与《颜氏家训》：《颜氏家训》是我国封建社会第一部系统完整的家庭教科书，包含了颜之推在儿童教育、学习方法等方面的真知灼见

2. 论士大夫教育
- （1）士大夫必须重视教育
  - ① 认为人性分三品，性的品级与教育有直接关系
  - ② 从接受教育与个人前途的利害关系出发，强调了士大夫受特殊知识教育的必要性
  - ③ 从"利"的角度，从知识也是一种谋生的手段等方面论述了知识教育的重要性
- （2）教育的目标是培养治国人才：认为玄学教育必须抛弃，传统的儒学教育也应改革，要培养于国家有实际效用的各方面的统治人才
- （3）德与艺是教育的主要内容：二者互相联系，以德育为根本，艺为基础，并为道德教育服务

3. 论家庭教育
- （1）观点：重视儿童教育，尤其是儿童早期教育
- （2）原因：① 幼年心理纯净，思想观念未形成，可塑性大；② 幼年受外界干扰少，精神专注，记忆力旺盛
- （3）基本原则：① 及早施教；② 严慈相济；③ 均爱原则；④ 重视语言教育；⑤ 重视道德和立志教育

第五章 封建国家教育体制的完备（三）

（五）韩愈的教育思想

1. 道统说：不满宗教猖獗，主张复兴儒学。他排出儒家圣人的序列，以表示儒道的源远流长，有传承的系统，居于中国历史上正统地位

2. "性三品"说与教育作用
- （1）性三品
  - ①性之品有上中下，情之品也有上中下与之对应
  - ②上品：统治者，性善；中品：介于上下品之间，性可能善也可能恶；下品：劳动人民，性恶
  - ③性的内容是仁、礼、信、义、智；情的表现是喜、怒、哀、惧、爱、恶、欲
- （2）教育作用：①人性决定教育所起作用；②由人性而规定教育的权利；③由人性决定教育的主要内容

3. 论人才的培养与选拔
- （1）用德礼而重学校
- （2）学校的任务在训练官吏
- （3）整顿国学
- （4）恢复发展地方学校

4. 师道观★★
- （1）教师的地位：学习一定要有教师指导，教师是社会必需
- （2）教师的任务：传道、授业、解惑
- （3）教师的标准：以"道"为求师的标准，主张"学无常师"
- （4）论师生关系：提倡"相师"，确立民主性的师生关系

第六章 理学教育思想和学校的改革与发展（一）

（一）科举制度的演变与学校教育的改革

1. 宋、元、明、清的文教政策

（1）宋朝的"兴文教，抑武事"：① 重视科举，重用士人；② "三次兴学"，广设学校；③ 尊孔崇儒，提倡佛道

（2）辽、金、元的"汉化"政策：① 笼络汉族士人；② 尊孔；③ 尊崇理学

（3）明朝的"治国以教化为先，教化以学校为本"：① 广设学校，培训人才；② 重视科举，选拔人才；③ 加强思想控制，实行文化专制

（4）清朝的"兴文教、崇经术、以开太平"：① 崇尚儒学经术，提倡程朱理学；② 广兴学校，严订学规；③ 软硬兼施，加强控制

2. 科举制度的演变及其对学校的制约

（1）宋朝：① 扩大科举科目；② 扩大科举名额；③ 确定"三年一贡举"；④ 殿试改为定制；⑤ 建立新制，防止科场作弊

（2）元朝：① 民族歧视明显；② 科举制度日趋严密；③ 规定从"四书"中出题，以《四书章句集注》为答题标准

（3）明朝：① 建立科举定式；② 八股文成为固定考试文体；③ 学校教育纳入科举体系

（4）清朝：① 学校以科举中式为目的；② 教学内容空疏无用；③ 教学管理松弛

（二）官学的发展 ★★★

1. "苏湖教法"

（1）含义：又称"分斋教学法"，是胡瑗在主持湖州州学时创立的新的教学制度

（2）内容：在学校内分设经义斋和治事斋（治道斋）

（3）评价：是中国教学制度发展史上首次按照实际需要在同一学校中分设经义斋和治事斋，实行分科教学

2. 北宋三次兴学与"三舍法"

（1）庆历兴学：范仲淹主持。① 普遍设立地方学校；② 改革科举考试；③ 创建太学，在太学中推行"分斋教学"制度

（2）熙宁兴学：王安石主持。① 改革太学，创立"三舍法"；② 恢复和发展州县地方学校；③ 恢复与创设武学、律学和医学；④ 编撰《三经新义》作为统一教材

（3）崇宁兴学：蔡京主持。① 全国普遍设立地方学校；② 建立县学、州学、太学三级相联系的学制系统；③ 新建辟雍，发展太学；④ 恢复设立医学，创立算学、书学、画学等专科学校；⑤ 罢科举，改由学校取士

（4）"三舍法"
① 含义：王安石改革太学的重要措施，将太学分为外舍、内舍和上舍三个程度不同、依次递升的等级，太学生相应地分为三部分
② 评价：是严格的升舍考试制度，它将学生的考试成绩和平时行艺相结合，学行优劣与任职使用相结合，有利于提高学生学习积极性，提高太学教学质量；把上舍考试和科举考试结合起来，融养士与取士于太学，提高了太学的地位，是中国古代大学管理制度上的一项创新

3. 积分法

（1）含义：元朝国子学累积计算学生全年学业成绩的方法

（2）内容：根据学生月考成绩，优等者加一分，中等者加半分，下等者不加分。年终积分至八分以上则升上一等级，不能升级者来年积分归零。

4. 六等黜陟法

（1）含义：清朝地方官学生源资格等级的升降条例

（2）特点：对生员进行动态管理，将其等级与学业成绩紧密结合，有助于调动学生的学习积极性，提高教育教学质量

5. 监生历事

（1）含义：明朝国子监的主要特点，即国子监学习到一定年限，分拨到政府各部门"先习吏事"的制度

（2）意义：监生通过历事，可以较广泛地接触实际，获得从政的实际经验，可视为中国古代大学的教学实习制度

6. 社学

（1）含义：始于元朝，设在农村地区，利用农闲时间，以农家子弟为对象的初等教育形式

（2）发展：明朝社学对元朝进行了继承与发展，它设立更普遍，数量更多，在教学的各个方面也更趋成熟；清朝的社学是设在乡镇地区最基层的一种地方官学

第六章 理学教育思想和学校的改革与发展（二）

（三）书院的发展 ★★★

1. 书院的产生与发展

（1）萌芽
- ① 始于唐末，一是中央设立的主要用作收藏、校勘、整理图书的机构；二是民间设立的主要供个人读书治学的地方
- ② 原因：官学衰落，士人失学；我国有源远流长的私人讲学传统；受佛教禅林的影响；印刷术的发展使书籍大量增加

（2）宋朝
- 著名的六所书院：白鹿洞书院、岳麓书院、应天府书院、嵩阳书院、石鼓书院、茅山书院
- 特点：
  - ① 书院作为一种教育制度已经确立
  - ② 促进了南宋理学的发展和学术文化的繁荣
  - ③ 书院官学化倾向已出现

（3）元朝
- ① 两种动向：一是在"汉化政策"的影响下，开始书院的重建工作；二是南宋一些尚存士人不仕新朝，自建书院
- ② 对书院的控制：政府任命书院的教师；控制书院的招生、考试及生徒去向；设置书院学田

（4）明朝：受统治阶级文教政策及其内部矛盾的影响，其发展经历了沉寂—勃兴—禁毁的过程

（5）清朝
- 四类书院：① 以讲理学为主；② 以学习制艺为主；③ 以学习"经世致用"之学为主；④ 以博习经史词章为主
- 特点：官学化的倾向日益严重

2.《白鹿洞书院揭示》与书院教育宗旨

（1）地位：朱熹制定的《白鹿洞书院揭示》是中国书院发展史上一个纲领性学规，对当时及以后的书院教育和官学教育都产生过很大的影响

（2）内容：① 五教之目：父子有亲，君臣有义，夫妇有别，长幼有序，朋友有信；② 为学之序：博学之，审问之，慎思之，明辨之，笃行之；③ 修身之要：言忠信，行笃敬，惩忿窒欲，迁善改过；④ 处事之要：正其义，不谋其利，明其道，不计其功；⑤ 接物之要：己所不欲，勿施于人，行有不得，反求诸己

（3）影响：朱熹把这些儒家思想用学规的形式固定下来，形成较为完整的书院教育理论体系，成为后世学规的范本和办学准则，使书院教育逐步走上制度化的发展轨道，也对后世官私学校的兴办产生了实际的影响

3. 东林书院与书院讲会

（1）特点：① 是当时重要的文化学术中心，形成了一套完备的讲会制度；② 密切关注社会政治，将讲学活动与政治斗争紧密结合起来

（2）讲会：是明朝书院讲会制度的突出代表，集中反映在《东林会约》的"会约仪式"中

4. 诂经精舍、学海堂与书院学术研究

（1）简介：均为清朝阮元创建，成为当时浙江、广东重要的文化学术研究中心

（2）特点：① "以励品学，非以弋功名"；② 各用所长，因材施教；③ 教学和研究紧密结合，刊刻师生研究成果

5. 书院教育的特点

（1）培养目标：注重学生人格修养，强调道德与学问并进，培养学生的学术志趣

（2）管理形式：较为简单，管理人员少，强调学生遵照院规自我约束、自我管理为主

（3）课程设置：课程灵活，以自学、独立研究为主，师生、学生之间注重质疑问难和讨论

（4）教学组织：教学与研究相结合，教学形式多样，注重讲明义理、躬行实践

（5）规章制度：对教学目标、教学方法、教学顺序等方面用学规的形式加以阐明

（6）师生关系：较之官学更为平等，学术切磋多于教训，学生来去也较为自由

（7）学术氛围：教学与学术研究并重，学术氛围自由宽松，人格教育与知识教育并重

（8）书院作用：是集藏书、教育和学术活动于一体的机构，也是学者以文会友的场所，具有广泛的社会文化教育功能

第六章 理学教育思想和学校的改革与发展（三）

（四）朱熹的教育思想

1. 朱熹与《四书章句集注》：朱熹是理学思想的集大成者，也是南宋最负盛名的大教育家；《四书章句集注》在元朝时成为<u>科举考试的标准答案</u>和<u>各级学校必读的教材</u>，其地位甚至高于"五经"

2. "存天理，灭人欲"与教育的作用、目的
   - （1）"存天理，灭人欲"与教育作用
     - ① 重视教育改变人性的作用，提出人性就是"理"，是"仁、义、礼、智"封建道德规范的观点。把人性分成<u>天命之性</u>和<u>气质之性</u>
     - ② 教育作用：在于"变化气质"，发挥"气质之性"中所具有的"善性"，去蔽明善
   - （2）教育目的：明人伦

3. 论"大学"与"小学"
   - （1）小学
     - ① 年龄阶段：8~15岁
     - ② 教育任务：培养"<u>圣贤坯璞</u>"
     - ③ 学习内容：以"<u>教事</u>"为主，知识力求浅近、具体
     - ④ 教育方法：主张先入为主、及早施教；形象生动、能激发兴趣；<u>首创《须知》《学则》的形式培养儿童的道德行为习惯</u>
   - （2）大学
     - ① 年龄阶段：15岁以后
     - ② 教育任务：在坯璞的基础上"<u>加光饰</u>"，将他们培养成为对国家有用的人才
     - ③ 教育内容：重点是"<u>教理</u>"。即重在探究"事物之所以然"
     - ④ 教学方法：<u>重视自学</u>；提倡不同学术观点之间的相互交流

4. 朱子读书法 ★★★
   - （1）<u>循序渐进</u>：读书要按一定的次序，不要颠倒；应根据自己的实际情况和能力，安排好读书计划；要扎扎实实打好基础，不可囫囵吞枣、急于求成
   - （2）<u>熟读精思</u>：既要熟读成诵，又要精于思考
   - （3）<u>虚心涵泳</u>：虚心即读书要虚怀若谷、静心思虑，仔细体会书中的意思，不可先入为主，牵强附会；涵泳即读书要反复咀嚼，细心玩味
   - （4）<u>切己体察</u>：读书不能仅仅停留在书本和口头上，而必须身体力行
   - （5）<u>着紧用力</u>：必须抓紧时间，发愤忘食，反对悠悠然；必须抖擞精神，勇猛奋发，反对松松垮垮
   - （6）<u>居敬持志</u>：居敬就是读书时精神专一，注意力集中；"持志"就是要树立远大志向，高尚的目标，并要以顽强的毅力长期坚持

第六章 理学教育思想和学校的改革与发展（四）

（五）王守仁的教育思想★

1. "致良知"与教育作用
- （1）致良知：认为"理"存于"心"中，"心即理"；认为"良知即是天理"，即是"心之本体"
- （2）良知的特点：① 与生俱来，不学自能，不教自会；② 人人具有，不分圣愚；③ 不会泯灭
- （3）教育作用："明其心"，为了激发本心所具有的"良知"

2. "随人分限所及"的教育原则：儿童的接受能力发展到何种程度，便就这个程度进行教学

3. 论教学
- （1）教学内容：凡是有助于"求其心"者均可作为教育内容，读经、洗礼、写字、弹琴、习射无不可学
- （2）教学原则和方法：① 知行并进；② 自求自得；③ 循序渐进；④ 因材施教

4. 论儿童教育
- （1）揭露和批判传统儿童教育不顾儿童的身心特点
- （2）儿童教育必须顺应儿童的性情
- （3）儿童教育的内容是"歌诗"、"习礼"和"读书"
- （4）要"随人分限所及"，量力施教

（六）私塾与蒙学教材

1. 私塾的发展、种类和教育特点
- （1）发展：中国封建社会时期一般将8~15岁儿童的小学教育阶段称为"蒙养"教育阶段，对儿童进行启蒙教育的学校称为"私塾"
- （2）种类：① 门馆或家塾；② 村塾或族塾；③ 教馆、坐馆
- （3）特点：① 强调严格要求，打好基础；② 重视培养儿童的行为习惯；③ 注意根据儿童的心理特点，因势利导，激发他们的学习兴趣

2. 蒙学教材的发展、种类和特点★
- （1）发展
  - ① 阶段一（周秦至魏晋南北朝时期）：此时的蒙学教材多为字书。最早的字书是《史籀篇》；秦朝李斯所作《仓颉篇》；对后世影响最大、流传最久的为史游所作的《急就篇》；魏晋南北朝时期，最著名、流传久远而广泛的蒙学教材是南朝周兴嗣所作的《千字文》
  - ② 阶段二（隋唐五代时期）：《太公家教》是从唐中叶到北宋初年最盛行的蒙学教材之一；唐人李瀚的《蒙求》是对后世影响最大的蒙学教材
  - ③ 阶段三（宋元明清时期）：蒙学教材开始出现分类按专题编写的现象，在内容和形式上呈现多样化；《三字经》为当时最佳蒙学读物
- （2）种类：① 识字教学类；② 伦理道德类；③ 历史教学类；④ 诗歌教学类；⑤ 名物制度和自然常识教学类
- （3）特点
  - ① 宋元明清时期开始分类按专题编写，使蒙学教材在内容和形式上呈现多样化
  - ② 一些著名学者亲自编撰蒙学教材，对提高蒙学教材的质量起到了重要作用
  - ③ 蒙学教材注意儿童的心理特点，采用韵语形式，文字简练，通俗易懂，力求将识字教育、基本知识教育和伦理道德教育有机结合起来

第七章 早期启蒙教育思想

（一）倡导新的教育主张

1. "公其非是于学校"与学校的作用
   - （1）含义：学校应具有 培养人才改进社会风俗 的职能，还应该 议论国家政事
   - （2）评价：是对中国古代关于学校职能理论的创新，反映了要求国家决策民主化的强烈愿望，是近代议会思想的萌芽
   - （3）措施：主张将寺观庵堂改为书院和小学，实现在全国城乡人人都能受教育、人人都能尽其才的理想；学校必须将讲学和议政紧密结合

2. "日生日成"的人性与教育
   - （1）含义：人性不是一成不变的，而是处在不断变化发展的过程中
   - （2）教育的作用：继善成性，使之为善；教育可以改变青少年时期因"失教"而形成的"恶习"

3. "义利合一"的教育价值观：颜元提出"正其谊以谋其利，明其道而计其功"，认为"义"和"利"并非完全对立，是能够统一起来的

（二）颜元的学校改革思想★

1. 颜元与漳南书院：亲自规划书院规模，设六斋，开展实学教育，并制定"宁粗而实，勿妄而虚"的教育宗旨

2. "正其谊以谋其利，明其道而计其功"的义利观

3. "实才实德"的培养目标
   - （1）含义："实才实德之士"即是品德高尚，有真才实学的经世致用人才。具体包括两种，一是"上下精粗皆尽力求全"的通才，另一种是"终身止精一艺"的专门人才
   - （2）评价：目的是维护封建统治，但重视人才对于治国的作用，强调人才主要依靠学校教育培养，冲破了理学教育的桎梏，具有进步意义

4. "六斋"与"实学"教育内容
   - （1）六斋：文事斋、武备斋、经史斋、艺能斋、理学斋、帖括斋
   - （2）实学：自然科学知识、军事知识和技能

5. "习行"的教学方法：强调教学过程中要 联系实际、坚持练习 和 躬行实践，认为只有这样学习的知识才是真正有用的

第八章 中国教育的近代转折（一）

（一）教会学校的举办

1. 英华书院与马礼逊学校
- （1）英华书院：第一所主要面向华人的新式学校，该校培养的部分华人学生，成为近代中国第一批西学的知情者
- （2）马礼逊学校：最早设立于中国本土的、较正式的教会学校，是一所专为华人开设的学校

2. 教会学校的发展
- （1）阶段一：19世纪60年代初到1876年，主要特点是：①教会学校数量增多，学生人数增多；②以小学为主；③女生占相当比例
- （2）阶段二：始于第一次在华基督教传教士大会。主要特点：①加强了教会学校之间的联系；②在教会内部加强了独立性；③办学层次更高了；④不再免费招收贫苦人家的孩子

3. "学校与教科书委员会"与"中华教育会"
- （1）学校与教科书委员会：近代第一个在华基督教教会的联合组织，推动了教会学校的教材编写工作
- （2）中华教育会：第二次"在华基督教传教士大会"的召开，将1877年成立的"学校与教科书委员会"改组为"中华教育会"，议定每三年召开一次大会

4. 教会学校的课程：宗教、外语、西学、儒学经典

5. 教会学校的性质与影响
- （1）性质：是西方殖民扩张的产物，带有强烈的殖民性质
- （2）影响：加速了西学在中国的传播进程，开阔了国人的教育视野，培养了新式教师

（二）太平天国的教育举措

1. 对儒学的批判：尽管最终对儒学采取了容纳的态度，但其对儒学及孔子的无情批判，无疑动摇了儒学在教育内容中的核心地位

2. 改革文字、文风和科举制度
- （1）改革文字、文风：对文字、文风的改革表现出简易、通俗化的倾向
- （2）改革科举制度
  - ①在考试内容上：废除从"四书""五经"中出题的做法，并突出"策论"，以选择能经邦济世的人才
  - ②在考试对象上：废除了门第、出身、籍贯等方面的限制，"布衣"、"绅士"、"隶卒"均准应考。开设女科，突破了中国古代科举考试对女性的限制

3. 创办育才书院：一种比较正规并主要面向官家子弟的学校，其教师称育才官，有正、副之分

4. 改革教育内容：以宗教教义为主，主要分为两类：一种是群众性宗教，政治思想教育读物；第二种是儿童启蒙性读物

第八章 中国教育的近代转折（二）

（三）洋务教育的创立和发展 ★★★

1. 洋务学堂的兴办、类别与特点

（1）兴办：洋务运动的重要组成部分，目的在于培养洋务活动所需要的翻译、外交、工程技术、水陆军事等方面的专门人才，教学内容以"西文"和"西艺"为主

（2）类别：① 外国语（"方言"）学堂；② 军事（"武备"）学堂；③ 技术实业学堂

（3）特点：
① 缺乏全国性的整体规划和学制系统，学校间相互孤立，没有形成规范的程度标准，没有明确的界限和衔接关系
② 在"中学为体，西学为用"的总原则下，传授西文西艺的同时，不放弃四书五经的学习
③ 管理上沾染了封建官僚气息，相关环节的管理受洋人要挟

2. 京师同文馆

（1）创立与发展：
① 1862年设立于北京，是我国近代由官方设立最早的外国语学校，也是最早的官办新式学校，是中国近代被动开放的产物；目的在于培养外事专业人才
② 1866年增设天文、算学馆（科技馆）
③ 1876年增设课程，建立了中国近代最早的化学实验室和博物馆
④ 1902年1月并入京师大学堂

（2）教师与学生：
① 教师：按职责可分为总教习、教习和副教习
② 学生：一类是额内学生，有津贴；另一类是额外学生，无津贴。入学途径有咨传、招考和咨送

（3）课程与考试：课程分为八年制课程和五年制课程；日常考试分月课、季考、岁试三项，每届三年一大考

（4）历史影响：
① 它是洋务学堂的开端，也是中国近代教育的开端
② 它的设立表明近代以来向西方学习开始由观念变为现实
③ 身处帝都北京，乃全国政治和文化中心，一些重要举措及由此引起的争执往往能反映出各派关于教育改革的观点

3. 福建船政学堂

（1）创立与发展：又称"求是堂艺局"或"福州船政学堂"，是近代中国第一个、也是洋务运动时期最大的专门制造近代轮船的工厂。由前学堂和后学堂组成，学制五年

（2）组成：
① 前学堂（造船学堂）：专习制造技术，培养能够设计制造各种船用零件和整船设计的人才
② 后学堂：学习驾驶和轮机技术，培养轮船驾驶和设计、制造方面的人才
③ 1868年2月，前学堂添设绘事院和艺圃。绘事院培养生产用图纸的制作人员；艺圃实际是在职培训学校，这种通过工读结合形式有计划地培养生产和技术骨干的做法，开辟了我国近代职工在职教育的先河

（3）意义：
① 为近代中国海军输送了第一代舰战指挥和驾驶人才
② 是同类学堂的先驱和持续时间最久的一所，为这些学校输送了一批教师和管理人员
③ 被誉为"近代中国海军人才的摇篮"

4. 幼童留美与派遣留欧

（1）幼童留美：始于1872年，最早提出建议的是容闳。每年派遣幼童30名，分四年共120名，学习年限是15年。到美后，学生除学习西学外，仍要兼习中学

（2）派遣留欧：始于沈葆桢的建议，并以福建船政学堂的学生为主，赴欧学习制造和驾驶

（3）意义：① 传统教育观念再次受到冲击；② 培养了一批新式人才，冲击了旧教育的培养目标和培养途径；③ 将西方社会科学介绍到中国，促进了近代中国的发展

第八章 中国教育的近代转折（三）

（四）张之洞的中体西用教育思想 ★★

1. "中体西用"思想的形成与发展
- （1）"中学为体，西学为用"是洋务派关于中西文化关系的核心命题，也是洋务教育的指导思想。认为在突出"中学"主导地位的前提下，应肯定"西学"的辅助作用和器用价值
- （2）1898年春，张之洞撰成《劝学篇》，围绕"旧学为体，新学为用"的主旨集中阐述，形成了比较完整的思想体系

2. 张之洞与《劝学篇》
- （1）内外篇主旨：内篇务本，以正人心；外篇务通，以开风气
- （2）通篇主旨：中学为体，西学为用

3. 历史作用和局限性
- （1）历史作用
  - ①"中体西用"在不危及"中体"的前提下侧重强调采纳西学，这既是洋务派的文化教育观，也是洋务派应对守旧派的策略
  - ②"中体西用"理论为"西学"教育的合理性进行了有效论证，促进了资本主义文化在中国的传播
  - ③在此原则下实施的留学教育和新式学堂，给僵化的封建教育体制打开了缺口，改变了单一的传统教育结构
- （2）局限性
  - ①作为一种文化整合方案是粗糙的。它是在没有克服中、西学之间固有的内在矛盾的情况下的直接嫁接，必然会引起两者之间的排异性反应
  - ②抑制了维新思想的传播，不利于刚刚开始的思想启蒙运动
  - ③其根本在于维护中学，阻碍了由传统教育向近代教育转化的进程

第九章 近代教育体系的建立（一）

（一）早期改良派的教育主张
全面学习西学；改革科举制度；建立近代学制；倡导女子教育

（二）维新派的教育实践
1. 兴办学堂：第一类是为培养维新骨干、传播维新思想而设立的学堂，如万木草堂、湖南时务学堂；第二类是在办学类型与模式、招生对象、教学内容等某些方面对洋务办学观念有所突破，领风气之先，如北洋西学堂与南洋公学、经正女学等
2. 兴办学会与发行报刊：维新派通过创办各种学会和发行报刊来宣传维新思想。如《万国公报》、《强学报》、成立强学会等

（三）"百日维新"中的教育改革

1. 创办京师大学堂
   - （1）京师大学堂的创办
     - ① 1896年6月，李端棻首次正式提出设立京师大学堂的建议
     - ② 1898年6月，光绪帝在《明定国是诏》中宣布创办京师大学堂
     - ③ 1898年梁启超草拟《京师大学堂章程》，并派孙家鼐为管学大臣，管理京师大学堂
     - ④ 1900年，京师大学堂毁于八国联军战火，1902年恢复开办，并被纳入清末学制系统，规模逐步扩大
   - （2）《京师大学堂章程》：规定了京师大学堂不仅是全国最高学府，也是全国最高的教育行政机关。其办学宗旨为"中学为体，西学为用"；课程内容西学比重高于中学

2. 书院改办学堂：光绪帝令各省地方官将各省府厅州县的大小书院一律改为兼习中、西学的新式学堂
3. 废除八股考试，开设经济特科：1898年6月23日，光绪帝下诏废除八股，改试策论。7月23日，立经济特科，以选拔维新人才
4. 历史影响：反映了资产阶级维新派的愿望和主张，对封建传统教育产生了强大的冲击，激荡起一股思想解放的潮流，但大多数措施未及施行即被守旧派宣布废止

（四）康有为的教育思想

1. 维新运动中的教育改革主张：①废八股考试，改试策论，等学校普遍开设后，再废科举；②大力创办学校，改变传统的教育内容，传授科学技术，培养新型人才

2. 《大同书》中的教育理想
   - （1）在《大同书》中，康有为设想了一个理想社会，消灭了国家、阶级、种族、家庭等所导致的社会差别，实现了天下太平、仁爱万物、人生极乐。在此社会中，儿童的教育由社会承担，有一个前后相衔接的完整的学校体系，包括人本院、育婴院、小学院、中学院和大学院
   - （2）男女平等和女子教育：女子在入学资格和毕业出路上应该与男子平等；从利用女性人才资源，以及对胎教和儿童教育的影响角度，说明重视女子教育的意义

第九章 近代教育体系的建立（二）

（五）梁启超的教育思想

1. "开民智""兴民权"与教育作用：国势强弱随人民的教育程度为转移，必须通过教育而达到"开民智"的目的。他将"开民智"与"兴民权"联系起来，为"兴民权"而"开民智"，认为"权"生于"智"，揭示了专制与愚民、民主与科学的内在联系

2. 培养"新民"的教育目的：新民即具有新道德、新思想、新精神、新的特性和品质，具有资产阶级政治信仰、思想观念、道德修养和适应资本主义社会生活的知识技能的新国民

3. 倡导师范教育、女子教育和儿童教育
   - （1）师范教育：在中国近代教育史上首次专文论述师范教育问题；提出设立师范学校，培养符合时代要求的教师
   - （2）女子教育：女子教育的发展水平反映国势的强弱，中国欲救亡图存，由弱变强，就必须大力发展女子教育。参与中国第一所女子学校——经正女学的筹办，以实际行动推动了女子教育的发展
   - （3）儿童教育：建议从编写儿童教学用书入手对儿童教育进行改革，主张编写的书包括识字书、文法书、歌诀书、问答书、说部书、门径书和名物书七类

4. 论述近代学校制度：列出《教育期区分表》，将受教育者划分为四个年龄阶段；据学生身心发展的阶段性特征来确定学制的不同阶段和年限

（六）严复的教育思想

1. "鼓民力""开民智""新民德"的三育论

   严复是中国近代从德、智、体三要素出发建构教育目标模式的第一人；其三育论基本确立了中国教育目标体系的近代化模式
   - （1）鼓民力：提倡体育。包括禁止吸鸦片和女子缠足等陋习，使国民拥有强健的身体
   - （2）开民智：全面开发人民的智慧，提高人民的教育文化水平，核心是改革科举制度，废除八股取士和训诂词章之学，讲求西学
   - （3）新民德：改变传统德育内容，用西方的民主、自由、平等代替封建伦理道德，培养人民忠爱国家的观念意识

2. "体用一致"的文化教育观：表现为"全盘西化"和西学自成体用的倾向，还包括对西学整体性和发展性的认识。他倡导对西方自然科学和社会政治学说的一体学习

第九章 近代教育体系的建立（三）

（七）清末教育新政与近代教育制度的建立 ★

1. "壬寅学制"和"癸卯学制"颁布

（1）壬寅学制
- ①时间：1902年，张百熙主持拟定了一系列学制系统文件，统称《钦定学堂章程》，又称壬寅学制。这是中国近代第一个以中央政府名义制定的全国性学制系统
- ②内容：具体规定了各级各类学堂的性质、培养目标、入学条件、在学年限、课程设置和相互衔接关系。学制全系列划分为三段七级
- ③结局：未能实行

（2）癸卯学制
- ①时间：1904年，清政府公布了由张百熙、张之洞、荣庆主持重新拟定的一系列学制系统文件，统称《奏定学堂章程》，又称"癸卯学制"，这是中国近代由中央政府颁布并首次得到施行的全国性法定学制系统
- ②内容：学制主系列划分为三段七级，分别是初等教育、中等教育和高等教育，总年限达20~21年。除主系列之外，还有实业类和师范类学堂
- ③性质：半资本主义半封建性

2. 废科举，兴学堂：光绪帝于1905年9月2日宣告自隋代起实行了1300多年的科举考试制度终结，此后出现了兴办新学的热潮

3. 建立教育行政体制

（1）中央
- ①1904年《学务纲要》规定专设总理学务大臣
- ②1905年12月，成立学部，作为统辖全国教育的中央教育行政机关，兼并原来的国子监

（2）地方
- ①各省设立提学使司作为各省专管教育的行政机构，长官为提学使。1904年后部分省根据《学务纲要》设立学务处
- ②各省提督学政和新设学务处撤销，同时在府厅州县设立劝学所，县设视学一人并兼任学务总董

4. 确定教育宗旨：1906年学部拟定教育宗旨为"忠君、尊孔、尚公、尚武、尚实"，体现了"中体西用"的思想，是中国近代第一次正式宣布的教育宗旨

5. 留日高潮与"庚款兴学"

（1）留日高潮
- ①1903年，清政府公布《约束奖励游学毕业生章程》，明确了对留学毕业生给予相应的科名奖励办法，留日学生逐年增多
- ②1905年清政府宣布废除科举制度后，士人为寻求新的出路，纷纷涌向日本，形成留日高峰。充实了新式学堂的师资，壮大了实业技术人才的队伍，翻译了大量日文西学书籍，较广泛地传播了资本主义思想观念，促进了辛亥革命的爆发

（2）庚款兴学（退款兴学）
- ①含义：《辛丑条约》后，美国国会通过议案，决定从1909年起，将所得庚子赔款的一部分以"先赔后退"的方式退还给中国，中国政府以所退庚款发展留美教育
- ②措施：中国政府拟定了《遣派留美学生办法大纲》，规定在华盛顿设立"游美学生监督处"作为管理中国留美学生的机构，在北京设立"游美学务处"，负责留美学生的考选派遣事宜

第十章 近代教育体制的变革（一）

（一）民国初年的教育改革

1. 制定教育方针：蔡元培针对清末"五项"教育宗旨，将其重新表述为公民道德教育、军国民教育、实利主义教育，以及世界观教育和美感教育，提出了"五育并举"的教育方针

2. 颁布"壬子癸丑学制"：中国近代第一个资产阶级性质的学制，又称"1912—1913学制"

（1）学制体系：学制主系列划分为三段四级。从进入初等小学校到大学本科毕业，学制总年限为17~18年。主系列之外，还有师范类和实业教育类

（2）特点：
①缩短了学制年限
②女子享有与男子平等的法定教育权
③取消对毕业生奖励科举出身，废止清末高等教育中所谓的保人制度，大学不设经科
④规定一学年度为三个学期；假期安排暑假、年假和清明假
⑤不采纳清末中学文、实分科的做法，取消高等学堂，只设大学预科
⑥取消"忠君""尊孔"的课程，增加了自然科学课程和生产技能的续联
⑦改进了教学方法，反对体罚，要求教育联系实际，适合儿童身心发展的特点

3. 颁布中小学校课程标准：根据1912年颁布的《小学校教则及课程表》，初高等小学校分别规定了不同的7门课程。关于小学各科教学原则可归纳为以下几点：

（1）小学校：
①强调教学的教育性，各科目都应随时提示国民道德教育的相关事项
②适应儿童生活，注意选择生活上所必需之知识技能进行教授
③适应儿童身心发展的程度和特点，注意男女儿童的差别
④注意各科教学在目标、方法等方面的相互联系和配合

（2）中学校：根据1912年至1913年颁布的《中学校令》《课程标准》等文件，中学校开设修身、国文、外国语等课程，女子中学加家事、园艺等

第二部分 中国教育史

第十章 近代教育体制的变革（二）

（二）蔡元培的教育实践与教育思想 ★★★

1. "五育"并举的教育方针

（1）军国民教育：主张将军事教育引入学校和社会教育中，让学生和民众受到一定军事教育和训练

（2）实利主义教育：密切教育与国民经济生活的关系，加强职业技能的培训，使教育能发挥提高国家经济能力和改善人民生活水平的作用

（3）公民道德教育：基本内容是自由、平等、博爱等

（4）世界观教育：蔡元培独创并被作为教育的最高境界。指要培养人们立足现象世界但又超脱现象世界而贴近实体世界的观念和精神境界

（5）美感教育：是世界观教育的主要途径。通过美感教育陶冶、净化人的心灵

2. 改革北京大学的教育实践

（1）抱定宗旨，改变校风：①改变学生的观念，以求学为宗旨；②整顿教师队伍，延聘积学热心的教员；③发展研究所，广积图书；④砥砺德行，培养正当兴趣

（2）贯彻"思想自由，兼容并包"的办学原则：这是蔡元培办理北京大学的基本指导思想，同时也体现在教师聘任上

（3）教授治校，民主管理：①设立行政会议；②设立教务会议及教务处；③设立总务处

（4）学科与教学体制改革：①扩充文理，改变"轻学而重术"的思想；②沟通文理，废科设系；③改年级制为选科制（学分制）

3. 教育独立思想及对收回教育权的推进

1922年，蔡元培发表《教育独立议》一文，阐明了教育独立的基本观点和方法，在推进收回教育权运动、抵制殖民教育方面起到了积极作用，教育独立思想的主要内容如下：

（1）教育经费独立

（2）教育行政独立

（3）教育学术和内容独立

（4）教育脱离宗教而独立

第十章 近代教育体制的变革(二)

(三) 新文化运动影响下的教育思潮和教育运动 ★

1. 新文化运动抨击传统教育，促进教育观念变革
- (1) 教育的个性化
- (2) 教育的平民化
- (3) 教育的实用化
- (4) 教育的科学化

2. 新文化运动推动下的教育改革
- (1) 废除读经，恢复民国初年的教育宗旨：决定了"养成健全人格，发展共和精神"的国民教育宗旨
- (2) 改革学校教育：义务教育得到提倡；中等教育的规模也有所扩张
- (3) 改革教育内容：学校教育中推行白话文和国语；中等教育开始注意实用
- (4) 改革师范教育和大学：调整全国师范教育布局；增设高等师范学校

3. 平民教育运动
- (1) 共同点：批判传统"贵族主义"的等级教育，破除封建统治者独占教育的局面，使普通平民百姓享有教育权利，获得知识文化，改变生存状况
- (2) 两种倾向
  - ① 改良主义的平民教育思想：希望通过平民教育提高国民素质、实现平民政治，以北京高等师范学校部分师生联合组织的"平民教育社"为代表
  - ② 革命的平民教育思想：认为平民教育不仅是传播文化知识，更主要的是唤起工农群众的革命觉悟，代表人物有李大钊等马克思主义的知识分子

4. 工读主义教育运动
- (1) 基本内涵：以工兼学、勤工俭学、工人求学、学生做工、工学结合、工学共进
- (2) 四种主张
  - ① 工学结合：由匡互生、周予同等北高师生发起组织，倡导"工学主义"，主张把工学作为实现民主自由、发展实业、救济中国社会的武器
  - ② 工读互助团：由王光圻发起组织，将工读视为实现新组织、新生活、新社会的有效手段
  - ③ 学生与工农群众结合：以李大钊等知识分子为代表，强调学生和知识分子应以工农群众结合，劳动过程中发展工农情感，唤起工业革命觉悟
  - ④ 纯粹的工读主义：以胡适、张东荪为代表，将工读看成解决青年失学问题的好方法，是纯粹的经济问题，不承认其改造社会的功能

5. 职业教育思潮
由清末民初的实利主义和实用主义教育思想演变而来，最主要的倡导者是近代著名教育家黄炎培，他组织中华职业教育社并在实践中推行职业教育

6. 勤工俭学运动
早期共产主义者是留法勤工俭学运动的主要发起、组织和参加者，以李大钊、毛泽东等人为代表，留法勤工俭学运动性质发生变化，从通过勤工与俭学维持学业，提高到勤工与俭学相结合、探索改造中国出路的认识高度。认识到了教育与生产劳动相结合的意义

7. 科学教育思潮
- (1) 基本内涵：①"物质上之知识"的传授；②应用科学方法于教育研究和对人的科学精神、科学态度的训练。包括"科学的教育化"和"教育的科学化"
- (2) 科学的教育化：要求让科学知识成为学校教育的主要内容；按教育原理和科学方法进行教育，培养学生科学的知识、技能和态度
- (3) 教育的科学化：提倡以科学的方法研究教育，包括儿童心理和教育心理的研究等

8. 国家主义教育思潮
- (1) 基本内涵
  - ① 以教育为国家的工具，教育目的对内在于保持国家安宁和谋求国家进步，对外在于抵抗侵略、延存国脉
  - ② 教育是国家的任务，教育设施应完全由国家负责经营、办理，国家对教育不能采取放任态度
- (2) 主旨：以国家为中心，反对社会革命，通过加强国家观念的教育实现国家的统一与独立
- (3) 目的：培养具有爱国精神和国家意识的好国民

第十章 近代教育体制的变革（三）

（四）学校教学方法的改革与实验

1. 现代西方教学理论在中国的传播：在近代，最早传入的教学法是赫尔巴特的五段教学法。它以学生的心理过程为依据，强调教师的主导作用，注重课堂教学形式的组织和规范化。因不利于因材施教及充分发展学生的个性和主动性等问题，新的教学组织形式和教学法传入中国，其中对我国中小学教学影响最大的是设计教学法和道尔顿制

2. 设计教学法：主张由学生自发地决定自己的学习目的和内容，在自己设计、实行的单元活动中获得知识和形成解决实际问题的能力；该教学法重视学生学习的主动性和独立性，强调学生的学习动机与兴趣；但由于其本身存在理论偏差在1924年后逐渐沉寂

3. 道尔顿制：个别教学制度，让每个学生能够对自己的学习进度和学习方法负责，注重因材施教和培养学生独立工作的能力；但因其理论缺陷和师资、设备等原因而难以继续

4. 文纳特卡制：完全打破班级教学，强调儿童的团体意识和社会化过程；但对学生要求较高，缺少教师的直接讲授等易导致教学质量下降，并没有产生广泛的影响

（五）1922年"新学制" ★

1. 产生过程：1921年通过了《学制系统草案》；1922年11月1日大总统令公布《学校系统改革案》，即1922年的"新学制"，或称"壬戌学制""六三三"制

2. 标准和体系
   - （1）标准：①适应社会进化之需要；②发扬平民教育精神；③谋个性之发展；④注意国民经济力；⑤注意生活教育；⑥使教育易于普及；⑦多留各地伸缩余地
   - （2）体系：采用六三三分段式，纵向分为初等教育、中等教育与高等教育三段；横向以普通教育为基干，辅以师范教育、职业教育和成人教育

3. 特点
   - （1）根据儿童身心发展规律划分教育阶段
   - （2）初等教育阶段趋于合理，更加务实
   - （3）中等教育阶段是改制的核心，是新学制中的精粹
   - （4）建立了比较完善的职业教育系统
   - （5）改革师范教育制度
   - （6）在高等教育阶段，缩短高等教育年限，取消大学预科
   - （7）注重天才教育和特种教育，使优异之智能尽量发展

4. 课程标准：1923年6月公布了《中小学课程标准纲要》，对小学、初中、高中的课程设置做了规定

5. 评价
   - （1）优点：①虽借鉴美制但未盲从；②加强了中等教育和职业教育的训练；③有利于初级中等教育的普及；④比较彻底地摆脱了封建传统教育的束缚，具有适应社会和个人需要等新时代特点；⑤标志中国近代以来国家学制体系建设的基本完成
   - （2）缺点：①过高估计实用主义的影响是不客观的，它忽视了我们各族人民、教育界广大人士的辛勤劳动及表现出的才智；②具体实施中缺乏师资、教材、设备等

第十章 近代教育体制的变革（三）

（六）收回教育权运动

1. 教会教育的扩张：教会学校的发展严重侵犯了中国的教育主权。20世纪20年代中期，教育界掀起向在华基督教机构收回教育权的运动，推动了教会学校的 本土化和世俗化 变革

2. 收回教育权运动
   - 1921年，教育部部长范源濂在基督教教育会上公开声明，表达对教会教育的强烈不满
   - 1922年3月，蔡元培在《新教育杂志》发表《教育独立议》，极力主张教育脱离政党与宗教而独立，率先举起反基督教教育的大旗
   - 1923年9月，余家菊在《少年中国》上发表《教会教育问题》，率先提出"收回教育权"的口号，要求对教会学校"施行学校注册法"
   - 1924年6月，"广州学生收回教育权运动委员会"宣告成立
   - 1924年7月，中华教育改进社在南京开会，讨论外人在华办学和收回教育权问题
   - 1924年10月，全国教育会联合会在年会上通过《教育实行与宗教分离》和《取缔外人在国内办理教育事业》两个议案
   - 1925年，收回教育权运动在"五卅运动"中达到高潮。11月16日颁布的《外人捐资设立学校请求认可办法》是收回教育权运动最大的实际性成果

（七）新民主主义教育发端

1. 中国共产党领导下的工农教育
   - （1）工人教育：通过领导全国职工运动的中国劳动组合书记部并依靠各级工会开展
   - （2）农民教育：中国共产党认识到农民是工人阶级的天然盟友和可靠同盟军，因此他们深入农村，以宣传教育的手段组织农民建立农会，开展斗争

2. 湖南自修大学：毛泽东、何叔衡等在长沙利用船山学社的旧址和经费所办；其 办学宗旨 是办成一所"平民主义的大学"，并实行了独特的教学制度、方法和课程

3. 上海大学：共产党领导的高等学校；办学目的是 培养研究社会实际问题和建设新文艺的革命人才，专业设置关注现实与政治；教学采用 教师授课与学生自学 相结合的方式

4. 国共合作时期的黄埔军校：第一次国共合作的产物，建立在新三民主义的思想基础上，是一所新型的 军事干部学校，培养了大批高级军事政治人才

5. 农民运动讲习所：国共合作时期培养农民运动干部的学校，也是全国农民运动研究中心；根据办学目的和形势需要，采取 短训班形式，每期3个月，课程与教学安排始终坚持马克思主义理论与实际斗争需要紧密联系的原则，采取课堂讲授与 课外实习、自学与集体讨论、调查研究 相结合的方式

6. 李大钊的教育思想
   - （1）论教育的本质：李大钊运用历史唯物主义说明教育的本质问题，提醒人们正确认识教育与社会发展的关系
   - （2）倡导 工农大众的教育：李大钊认识到劳工教育中农民教育的重要性，号召有志青年到农村去，根据农民的生产生活实际，"利用乡间学校，开办农民补习班"
   - （3）倡导 青年教育：①青年必须树立正确的人生观；②青年必须磨炼坚强的意志；③青年必须走与工农相结合的道路

7. 恽代英的教育思想
   - （1）论教育与社会改造：肯定了"教育是改造社会的有力的工具"；主张把教育放在社会中，把改造教育与改造社会结合起来
   - （2）论教育的改造：①主张儿童教育的改造；②提出了改造中等教育的课程、教科书和教学方法的思想

第二部分 中国教育史

第十一章 南京国民政府时期的教育（一）

（一）教育宗旨与教育方针的变迁

1. 党化教育：在国民党指导下，进行教育的"革命化""民众化""科学化""社会化"；其目的在于强化国民党对学校教育的控制，为实现其一党专制服务
2. "三民主义"教育宗旨："中华民国之教育，根据三民主义，以充实人民生活，扶植社会生存，发展国民生计，延续民族生命为目的；务期民族独立，民权普遍，民生发展，以促进世界大同。"
3. "战时须作平时看"的教育方针：国民政府提出"战时须作平时看"的教育方针，颁布"一切仍以维持正常教育"为主旨的《总动员时督导教育工作办法纲领》；一方面采取战时的教育应急措施，另一方面强调维持正常的教育和管理秩序

（二）教育制度改革

1. 大学院和大学区制的试行：仿照法国教育行政制度，中央设中华民国大学院，主管全国教育，地方试行大学区，取代民国以来中央政府设教育部、各省设教育厅的教育行政制度
2. "戊辰学制"的颁行：在1922年新学制的基础上提出《整理中华民国学校系统案》，即"戊辰学制"；该学制分为原则与组织系统两部分

（三）学校教育的管理措施

1. 训育制度：设立训育主任和训育人员，专事考查学生的思想、言论和行动，在全国中小学实行训育制度
2. 中小学校的童子军训练：童子军是一种使儿童少年接受军事化教育训练的组织形式。1928年5月，国民党常务会议通过《中国国民党童子军总章》，规定以"三民主义"培养革命青年，凡12至18岁之青少年皆须入伍受童子军训练
3. 高中以上学生的军训：1929年1月，教育部颁发《高中以上学校军事教育方案》，规定高中以上学校军事科为必修科目，每年度每周3课时，每年暑假连续三星期的集中训练
4. 推行导师制
   ① 中等以上学校每一年级学生分成若干组，由校长指定专任教师一人为导师，学校设主任导师或训育主任一人，总领全校训导
   ② 导师对学生的思想、行为、学业和身体做详细记录，按月报告训导处和家长
   ③ 训导方式有个别谈话和本组学生的谈话、讨论
   ④ 学生不堪训导，由学校除名，学生毕业必须有导师的"训导证明书"
   ⑤ 导师授课时数可以酌减，但不减待遇
5. 颁布课程标准，实行教科书审查制度
   （1）颁布课程标准：1928年12月，教育部公布《中小学课程标准起草委员会规程》，着手制定中小学校的课程科目、课程目标、教授时间等要点
   （2）实行教科书审查制度：规定教科书须合乎民主共和之精神，禁用清学部颁行的教科书，要求各书局删改教科书中涉及清政府教育精神和制度的内容
6. 实行毕业会考：1932年5月，国民政府教育部公布了《中小学毕业会考暂行规定》，开始民国时期中小学生的毕业会考制度；其后取消了小学生毕业会考，保留了中学会考

第十一章 南京国民政府时期的教育（二）

（四）学校教育的发展

1. **幼儿教育**：1904年颁布实施的"癸卯学制"规定幼儿教育机构为蒙养院，1912年"壬子癸丑学制"改称蒙养园，1922年新学制又改称幼稚园，1923年陈鹤琴在南京创设了我国第一所实验幼稚园——鼓楼幼稚园

2. **初等教育**
   - （1）1927—1937年为稳定发展时期，民国初等教育基本定型
   - （2）抗日战争时期，实施国民教育制度，在时局动荡中仍能维持一定的发展
   - （3）抗战胜利后，国民党发动全面内战，初等教育走向衰败

3. **中等教育**
   - （1）在统治的最初十年，通过颁布一系列法规调整中等教育内部结构，保证了中等教育的发展
   - （2）抗战时期由于"抗战建国"方针，中学数量增长较快
   - （3）抗战胜利后，中等教育一度得到短暂发展，全国中学数量达到最高点

4. **高等教育**
   - （1）前十年稳步发展，逐渐定型
   - （2）抗日战争爆发后的一段时期开始下挫
   - （3）抗战胜利后，大学学校和学生数量都达到最高点

5. **抗日战争时期的学校西迁**
   - （1）中等教育方面：国民政府在西南、西北等后方省份广泛设立国立中学
   - （2）高等教育方面：一些原有著名大学经过合并组合，使各自的优良传统和学科优势得以发扬和互补，形成新特色；在西南、西北新设和改制了一些大学

第二部分 中国教育史

第十二章 中国共产党领导下的革命根据地教育（一）

（一）新民主主义教育方针的形成

1. 苏维埃文化教育总方针："在于以共产主义的精神来教育广大的劳苦民众，在于使文化教育为革命战争与阶级斗争服务，在于使教育与劳动联系起来，在于使广大中国民众都成为享受文明幸福的人。"

2. 抗日战争时期中国共产党的教育方针政策：①教育为抗战服务；②建立抗日文化教育统一战线；③干部教育第一、国民教育第二的政策；④实行生产劳动的教育政策；⑤民办公助的政策

3. "民族的、科学的、大众的"文化教育方针
   - ①民族的：反对帝国主义压迫，主张中华民族的独立和尊严，带有民族性的教育，同时与新民主主义内容结合
   - ②科学的：反对一切封建、迷信思想，主张实事求是，主张客观真理，主张理论与实践统一
   - ③大众的：为全民族百分之九十以上的劳苦民众服务，并逐渐成为他们的教育，因而是民主的

（二）革命根据地的干部教育

1. 干部在职培训：苏区在职干部教育开展得最早，目的在于提高在职干部水平或训练某种专业人员，通过干部培训班、在职干部学校实施

2. 干部学校教育（苏区）
   - （1）高级干部学校：①马克思共产主义大学；②苏维埃大学；③红军大学
   - （2）中层干部学校：①中央农业学校；②中央列宁师范学校；③高尔基戏剧学校

3. 中国人民抗日军政大学
   - （1）教育方针：①坚定不移的政治方向；②艰苦奋斗的工作作风；③机动灵活的战略战术
   - （2）校训：团结、紧张、严肃、活泼
   - （3）学风：理论联系实际
   - （4）宗旨：培养抗日军政干部
   - （5）教学方法：启发式、研究式、实验式、"活"的考试
   - （6）政治思想教育的途径
     - ①学习理论，提高马克思主义理论水平
     - ②学习中共党内斗争的文件，提高党性意识
     - ③开展群众性的自我教育
     - ④严格的组织纪律要求
     - ⑤深入工农群众，投身于火热的斗争中去，向工农学习，向实际学习

第十二章 中国共产党领导下的革命根据地教育（二）

（三）革命根据地和解放区的群众教育和学校教育

1. 群众教育：分为军队和地方两种；群众教育的目的是扫除文盲以及让一般群众都能理解战争、配合战争、参与战争
2. 根据地的小学教育：苏维埃政府规定一切儿童不分性别与成分，都可以接受免费的义务教育，但在国内战争环境下，应首先保证劳动工农的子女接受免费义务教育
3. 解放区中小学教育的正规化：教育正规化问题的提出和落实，标志着教育开始有意识地从为革命战争服务转移到为和平建设事业服务
4. 解放区高等教育的整顿与建设
   - （1）办抗大式训练班
   - （2）解放区原有的大学进一步正规化
   - （3）创办新型大学

（四）革命根据地和解放区教育的基本经验★

1. 教育为政治服务
   - （1）在安排各类教育的发展时，正确处理了特定环境下的轻重缓急，保证了最迫切需要的满足
   - （2）在教育内容的确定上，始终服从了战争的需要
   - （3）在教育教学组织安排上，充分考虑到战争条件和政治需要

2. 教育与生产劳动相结合
   - （1）教育内容紧密联系当时当地的生产和生活实际，进行劳动习惯和观点、劳动知识和技能的教育
   - （2）教育教学的组织形式和时间安排注意适应生产需要
   - （3）要求学生参加实际的生产劳动，做到教育与生产劳动相结合

3. 依靠群众办教育
   - （1）在苏维埃政府支持下，以乡村为单位依靠群众办夜校、识字班等
   - （2）由政府出一部分经费，场地、设施和部分经费由各乡村自行解决
   - （3）干部教育不脱离群众，教学内容、学习时限和教学组织，都考虑群众工作的实际需要
   - （4）群众的需要和群众的自愿，是中国共产党在根据地教育实践中总结出来的重要的办教育经验

第十三章 现代教育家的教育理论和实践探索（一）

（一）杨贤江的马克思主义教育理论★

中国最早的马克思主义理论家，撰成第一部运用历史唯物主义分析世界教育历史的著作《教育史ABC》和第一部运用马克思主义论述教育原理的专著《新教育大纲》

1. 论教育的本质：提出教育为"观念形态的劳动领域之一"，即社会的上层建筑之一；教育的本质是为支配阶级服务的，教育受政治、经济决定，也在一定程度上促进经济、政治的变革

2. 论教育的功能：批判"教育神圣说""教育清高说""教育中正说"等观点，认为教育应当作为革命武器之一；革命胜利后，教育应当促进建设社会主义社会

3. "全人生指导"与青年教育

　（1）全人生指导：全人生指导是对青年进行全面关心、教育和引导。具体包括以下几个方面：
　　① 指导青年树立正确的人生观，这是杨贤江青年教育思想的核心
　　② 主张青年要干预政治，投身革命，他认为这是中国社会的出路，也是青年的出路
　　③ 强调青年必须学习，这是青年的权利与义务
　　④ 对青年的生活提出了指导性意见

　（2）对青年问题的分析（青年教育）：青年的身心特点以及社会动荡剧变易导致青年问题

（二）黄炎培的职业教育思想与实践★

我国近现代著名爱国主义者和民主主义教育家，是我国近代职业教育的奠基人

1. 倡导学校教育的"实用主义"：黄炎培于1913年发表《学校教育采用实用主义之商榷》，从理论上论证了改革普通教育、加强学校教育与个人生活和社会需要之间联系的必要性

2. 职业教育的探索：1917年发表《中华职业教育社宣言书》，标志着以黄炎培为代表的职业教育思潮的形成；其后提出"大职业教育主义"的观点，职业教育思潮基本成熟

3. 职业教育思想体系

　（1）职业教育的地位：黄炎培认为职业教育在学校教育制度上的地位是一贯的、整个的、正统的
　（2）职业教育的目的：使无业者有业，使有业者乐业
　（3）职业教育的方针：社会化与科学化
　（4）职业教育的教学原则：手脑并用，做学合一，理论与实践并行，知识与技能并重
　（5）职业道德教育：基本要求是敬业乐群，并将其作为中华职业学校的校训
　（6）职业教育的作用：
　　① 就其理论价值而言，在于谋个性之发展，为个人谋生之准备，为个人服务社会之准备，为国家及世界增进生产力之准备
　　② 就其教育和社会影响而言，在于通过提高国民的职业素养，确立社会国家的基础
　　③ 就其对当时中国社会的作用而言，在于解决中国最大、最重要、最困难、最急需解决的人民计生的问题

第十三章 现代教育家的教育理论和实践探索（二）

（三）晏阳初的乡村教育实验 ★

我国现代史上著名的教育家、世界平民教育运动与乡村改造运动的倡导者

1. 以县为单位的教育实验：晏阳初主持的中华平民教育促进总会所进行的河北定县乡村平民教育实验

2. "四大教育"与"三大方式"

晏阳初把中国最基本的问题归结为"愚、贫、弱、私"，针对这四点提出推行文艺教育、生计教育、卫生教育、公民教育

（1）四大教育
- ① 以文艺教育攻愚，培养知识力
- ② 以生计教育攻穷，培养生产力
- ③ 以卫生教育攻弱，培养强健力
- ④ 以公民教育攻私，培养团结力

（2）三大方式
- ① 学校式教育：以青少年为主要教育对象，包括初级和高级平民学校、生计巡回学校
- ② 家庭式教育：每个家庭应对其成员进行公民道德训练、卫生习惯、儿童保护、家庭预算等方面的教育
- ③ 社会式教育：以一般群众及有组织的农民团体为对象；内容取材于四大教育；通过平民学校同学会开展各项活动

3. "化农民"与"农民化"：分别是晏阳初进行乡村建设实验的目标和途径

（四）梁漱溟的乡村教育建设 ★

中国现代著名的思想家、教育家和社会学家，现代新儒学的早期代表人物之一，有外国学者称之为"中国最后的儒家"

1. 立足于文化传统的乡村建设实验：梁漱溟认为中国问题最深层的病因是极严重的文化失调；中国的建设问题应当是乡村建设；在山东邹平开办了山东乡村建设研究院

2. 乡村建设与乡村教育理论：乡村建设应以乡村教育为方法，乡村教育应以乡村建设为目标

3. 乡村教育的实施

（1）乡农学校的设立

分村学和乡学两级，都是"政教合一"的单位
- ① 按教育程度分：文盲和半文盲入村学，识字的成年农民入乡学
- ② 按行政功能分：村学是乡学的基础组织，乡学是村学的上层机构
- ③ 组织结构：按农村自然村落及其行政级别形成
- ④ 组织原则："政教养卫合一""以教统政"；学校式教育与社会式教育融合归一

（2）乡农学校的教育内容：①各校共有的课程，包括识字、唱歌等普通课程和精神讲话，尤重后者；②各校根据自身生活环境需要而设置的课程

第十三章 现代教育家的教育理论和实践探索（三）

（五）陶行知的"生活教育"思想与实践 ★★★

1. 为祖国、为民众、为儿童探索教育的一生
(1) 针对教师的教和学生的学脱节的现象，主张将"教授法"改为"教学法"，突出教与学的联系
(2) 创办晓庄学校，确立"生活即教育""社会即学校""教学做合一"的生活教育理论
(3) 创办山海工学团，力图将工厂、学校、社会打成一片，以达到普及教育
(4) 推行"小先生制"，即人人都要将自己认识的字和学到的文化随时随地地教给别人
(5) 在重庆创办育才学校，培养有特殊才能的幼苗，以"新武训"自比，培养了一批艺术人才

2. "生活教育"思想体系
(1) 生活即教育：①生活含有教育的意义；②实际生活是教育的中心；③生活决定教育，教育改造生活
(2) 社会即学校：①社会含有学校的意味；②学校含有社会的意味
(3) 教学做合一：教与学都以做为中心，要求"在劳力上劳心"；认为"行是知之始"；要求"有教先学和有教有学"；否定注入式教学法

（六）陈鹤琴的"活教育"探索 ★★

我国近代学前儿童教育理论和实践的开创者。他倡导"活教育"，为改革传统教育提出了极有价值的思路

1. 幼儿教育和儿童教育探索：创办了中国第一所实验幼稚园，即南京鼓楼幼稚园，进行中国化、科学化的幼儿园实验，总结并形成了系统的、有民族特色的学前教育思想

2. "活教育"实验
(1) 1940年春，陈鹤琴在江西泰和筹建省立实验幼稚师范学校，并附设小学和幼稚园及校办农场，开展"活教育"实验
(2) 1941年，他创办了《活教育》杂志，这标志着有全国影响的"活教育"理论的形成和"活教育"运动的开始
(3) 1942年年初，幼师附设婴儿园
(4) 1943年春，幼师改为国立幼稚师范学校，并增设专科部
(5) 1945年秋，他将幼师专科部改为国立幼稚师范专科学校迁至上海，又创办上海市立幼稚师范学校，继续"活教育"实验

3. "活教育"思想体系
(1) 目的论："活教育"的目的是：做人，做中国人，做现代中国人。现代中国人的要求是要有健全的身体；要有建设的能力；要有创造的能力；要能够合作；要服务
(2) 课程论：大自然、大社会都是活教材。让儿童在与自然、社会直接接触中获取知识和经验。课程采用活动中心和活动单元的形式，即能体现儿童生活整体性和连贯性的"五指活动"，包括儿童健康活动、儿童社会活动、儿童科学活动、儿童艺术活动、儿童文学活动
(3) 教学论："活教育"教学方法的基本原则是"做中教，做中学，做中求进步"；"活教育"教学的四个步骤为实验观察、阅读思考、创作发表、批评研讨

第三部分 外国教育史

在西方教育思想史上,柏拉图的《理想国》和卢梭的《爱弥儿》、杜威的《民主主义与教育》堪称三大里程碑

第一章 古希腊教育

(一) 古风时代的教育 ★

1. 斯巴达教育

(1) 教育目的：培养英勇果敢的战士

(2) 教育过程和内容
① 公民子女出生后，由国家检查新生儿的体质情况，只抚养健康的新生儿
② 7 岁以前，公民子女在家中接受母亲的养育
③ 7~18 岁，儿童进入国家的教育机构，开始军营生活；主要任务是使儿童养成健康的体魄和顽强的意志以及勇敢、坚忍、顺从、爱国等品质；教学内容是"五项竞技"（即赛跑、跳跃、摔跤、掷铁饼和投标枪）、神话和传说
④ 18 岁起，公民子弟进入青年军事训练团（埃佛比）进行正规的军事训练
⑤ 20 岁，公民子弟开始接受实战训练。30 岁，正式获得公民资格

(3) 女子教育：女子通常和男子接受同样的军事、体育训练；目的是造就体格强壮的母亲，以生育健康的子女；当男子出征时，妇女能担负防守本土的职责

2. 雅典教育

(1) 教育目的：造就身心和谐发展的合格公民

(2) 教学过程
① 公民子女出生后，由父亲进行体格检查
② 7 岁前实行家庭教育，儿童在家中由父母养育
③ 7 岁之后，女孩在家中由母亲负责教育，学习纺织、缝纫等技能；男孩进入文法、弦琴学校学习
④ 13 岁左右，公民子弟继续在文法学校或弦琴学校学习，还要进入体操学校（角力学校），接受各种体育训练，目的在于使公民子弟具有健全的体魄和顽强、坚忍的品质
⑤ 15 岁以后，大多数公民子弟开始从事各种职业；少数显贵子弟进入国立体育馆，接受体育、智育和审美教育
⑥ 18~20 岁，青年进入青年军事团，接受军事教育。到 20 岁，经过一定的仪式，被授予公民称号

(二) 古典时代的教育 ★★

1. 智者派的教育活动与观念

(1) 智者：又称诡辩家，原指某种精神方面的能力和技巧，以及拥有它们的人；后被用来指以收费授徒为职业的巡回教师，是西方最早的职业教师；智者派的共同思想特征是相对主义、个人主义、感觉主义和怀疑主义

(2) 教育贡献
① 推动了文化的传播，而且扩大了教育对象的范围，促进了社会流动
② 拓展了学术研究的领域，扩大了教育内容的范围
③ 最关心道德问题和政治问题，并作为主要教育内容，提供了一种新型的教育，即政治家或统治者的预备教育
④ 作为职业教师，智者较为明确地意识到教育活动的特殊性，并开始自觉地把教育现象与社会现象区分开

2. 苏格拉底的教育活动与思想

古希腊著名的哲学家、教育家，是希腊哲学史上最早将对人的关注引入到哲学领域的思想家之一，是西方教育史上有长远影响的第一位教育家

(1) 教育目的：造就道德高尚、才能卓越的治国人才

(2) 美德即知识
① 苏格拉底明确指出，"美德即知识"即"智德统一"。人的行为之善恶主要取决于他是否有关的知识
② 进而提出"德行可教"的主张，知识教育是道德教育的主要途径

(3) 苏格拉底方法（问答法、产婆术）
① 讥讽：就对方的发言不断提出追问，使对方自陷矛盾，最终承认自己的无知
② 助产术：帮助对方自己得到问题的答案
③ 归纳：从各种具体事物中找到事物的共性和本质，通过各种比较寻求"一般"
④ 定义：把个别事物归入一般概念，得到关于事物的普遍概念

第三部分 外国教育史

第一章 古希腊教育（二）

（二）古典时代的教育 ★★★

3. 柏拉图的教育活动与思想

古代西方哲学史上客观唯心主义的最大代表

（1）学园：柏拉图创建的西方最早的高等教育机构，被视为雅典第一个永久性的高等教育机构

（2）学习即回忆
- ①柏拉图认为从感性的个别事物中不能得到真知识，只有通过感性事物引起思维，认识共相，才能达到对真理的把握
- ②人在出生以前已经获得了一切事物的知识，当灵魂依附于肉体后，已有的知识被遗忘了，通过接触感性事物才能重新回忆起被遗忘的知识
- ③认识就是回忆，学习并不是从外部得到什么东西，它只是回忆灵魂中已有的知识

（3）《理想国》：讨论政治和教育的著作，被认为是西方教育史上最为重要和伟大的教育著作之一
- ①教育目的：培养哲学家兼政治家，即哲学王
- ②教育对象：女子和男子应受同样的教育，包括体操训练和军事教育
- ③教育内容：提出了算术、几何、天文、音乐等教育内容，并与智者的三艺（文法、修辞、辩证法）合称"七艺"
- ④教育阶段：
  - 学前教育期（0~6岁）：教育内容包括讲故事、做游戏、音乐和舞蹈等，目的在于养成未来公民所应具有的勇敢、坚毅、快乐等品性
  - 普通教育期（7~18岁）：学习内容以初步的读写算、音乐和体育为主
  - 军事训练期（18~20岁）：升入高一级的教育机构（埃佛比）接受为期两年的军事训练，还包括初步的科学知识、算术、几何和天文等
  - 深入研究期（20~30岁）：大部分青年投入军营，成为国家守卫者；少数经筛选的优秀青年继续研究高深的科学理论，进入哲学家的培养阶段，主要学习科目是"四艺"，即算数、几何、天文和音乐
  - 哲学教育期（30~35岁）：学习者年满30岁之后大部分充任公职，成为国家高级官吏；极少数人经过五年的哲学教育后，投入实际工作中进行锻炼，直到50岁，在实际工作和知识学习中成就卓越，特别是哲学上造诣高深的人，才能最终成为哲学王

4. 亚里士多德的教育活动与思想

古希腊哲学的集大成者，举世公认的历史上第一位百科全书式的思想家

（1）吕克昂：亚里士多德创办的哲学学校。学校注重科学研究和相应的实验和训练，并建有图书馆、实验室和博物馆，是实践亚里士多德教育观念的主要机构

（2）灵魂论
- ①组成部分：人的灵魂由三部分组成，即营养的灵魂、感觉的灵魂和理性的灵魂，分别对应植物的灵魂、动物的灵魂和人的生命
- ②发展顺序：身体先发育，然后才有本能、感觉、情感，进而出现思维、理解和判断；对儿童应实施从体育到德育再到智育的全面和谐发展的教育

（3）自由教育：指对自由公民所施行的，强调通过自由技艺的学习进行非功利的思辨和求知，从而免除无知愚昧，获得各种能力的全面完美发展以及身心和谐自由状态的教育

第二章 古罗马教育（一）

（一）共和时期的罗马教育

（1）初级学校（属初等教育）
- ①教育对象：7~12 岁的男女儿童；学校是私立的、收费的
- ②教育内容：读、写、算，《十二铜表法》等，音乐和体育不受重视
- ③教师地位：小学教师的收入菲薄，社会地位低下

（2）文法学校（属中等教育）
- ①教育对象：12~16 岁的贵族及富家子女
- ②学校类型：起初教授希腊语和希腊文学，叫作希腊文法学校；从西塞罗起，拉丁文学得到发展，拉丁文法学校也迅速发展
- ③教育内容：希腊文法学校主要学习《荷马史诗》和其他古希腊作家的作品；拉丁文法学校主要学习西塞罗等人的著作；两种学校同时也学习较浅显的地理、历史和数学等
- ④教学方法：讲解、听写和背诵

（3）修辞学校（雄辩术学校，属高等教育）
- ①教育对象：准备担任公职的贵族子弟
- ②教育目标：培养演说家或雄辩家
- ③教育内容：重视学习文学和修辞学，还设有辩证法、历史、法律、数学、天文学、几何、伦理学和音乐等科目

（二）帝国时期的罗马教育

- （1）改变学校培养目标，把培养演说家改为培养效忠于帝国的顺民和官吏
- （2）建立统一的国家教育制度：对私立的初等学校实现国家监督，把部分私立文法学校和修辞学校改为国立，以便国家对教育的严格控制
- （3）提高教师的地位和待遇，改教师的私人选聘为国家委派
- （4）加强宗教教育

第三部分 外国教育史

第二章 古罗马教育（二）

（三）古罗马的教育思想

1. 西塞罗

古罗马共和后期最杰出的演说家、教育家，其代表作是《论雄辩家》

（1）雄辩家的定义：雄辩家必须能就眼前任何需要用语言艺术阐述的问题，以规定的模式，脱离讲稿，伴以恰当的姿势，得体而审慎地进行演说

（2）雄辩家教育的内容
- ①广博的学识：拥有各种重要的知识和全部自由艺术
- ②在修辞学方面具有特殊的修养
- ③优美的举止与文雅的风度

（3）雄辩家的培养方法：练习是必不可少的环节，最常用的练习方法是模拟演说和练习写作

2. 昆体良

古罗马帝国时期著名的雄辩家和教育家，其代表作《论演说家的教育》全面阐述了教育教学的基本原理和方法，一般被认为是西方最早的教育学尤其是教学法的著作

（1）教育的目的与作用
- ①目的：培养善良而精于雄辩术的人
- ②作用：昆体良重视教育的力量，认为要根据儿童的倾向和才能进行教育和教学；教育必须遵循儿童的年龄特点

（2）论学校教育的优势
- ①学校教育可以起到激励学生的作用
- ②学校能给儿童提供多方面的知识
- ③学校能养成学生适应社会公共生活的习惯和参加社会活动的能力
- ④许多儿童在一起学习不会产生孤独感，且有助于克服学生唯我独尊、自命不凡的态度

（3）论学前教育：主张教幼儿认识字母、书写和阅读；他在教育史上第一个提出双语教育问题。教育方法上，提出要进行快乐的教育，使儿童热爱学习

（4）教学理论
- ①班级授课制思想的萌芽。根据一些教师的实践，把儿童分成班级，依照他们每个人的能力，指定他们依次发言
- ②提倡因材施教。主张教师根据学生天赋才能的差异来组织教学，倡导教学要能培植各人的天赋特长，沿着学生的自然倾向最有效地发挥他们的才能
- ③教学要适度。教师所传授的知识的分量与深度要适应儿童的天性，符合他们的接受能力，不能使学生负担过重
- ④注意培养学生的能力。教师在教学中应该结合教材、作业和演讲练习培养学生的判断力、想象力和创造力
- ⑤专业教育应建立在广博的普通知识基础上。雄辩家不仅应学习文法、修辞学等课程，还应该学习音乐、几何、天文、哲学等学科
- ⑥改进教学方法。主张采用赞扬和激励学生的方法，同时强调使用启发诱导和提问解答的教学方法

（5）对教师的要求：①德才兼备；②宽严相济；③有耐心，对学生多勉励、少斥责；④懂得教学艺术；⑤注意儿童间的差异，因材施教

第三部分 外国教育史

第三章 西欧中世纪教育（一）

（一）基督教教育

1. 机构与内容

（1）修道院：又称僧院学校或隐修院学校，最初只是一种教徒集体修行的场所。进入中世纪以后，成为西欧最主要的教育机构
- ①教育对象：最初只接收侍奉上帝、准备充当神职人员的人，后也接纳不以神职为生的人。两类学生分开，前者称"内学"，毕业后将终生做圣职；后者称"外学"，学成后仍为俗人
- ②学习年限：学生一般10岁左右入学，学习期限大约为8年
- ③教育内容：早期主要强调宗教信仰的培养，学习简单的读、写、算，后期课程加深，"七艺"成为主要课程体系
- ④教学方法：教师由教士担任，教学方法主要是教师口授和学生背诵、抄写相结合。实行个别教学，学生的入学时间、学习进度和时间安排因人而异

（2）主教学校：又称座堂学校，设在主教座堂所在地，强调宗教信仰的培养，学习读、写、算及"七艺"；教学方法主要是教师口授与学生背诵、抄写相结合，实行个别教学

（3）教区学校：又称堂区学校，是由教会举办的面向一般世俗群众的普通学校，是中世纪欧洲最普遍的学校教育形式
- ①教育对象：由教士或其他指定的教会人员负责，招收7~20岁的男生（少数学校也招收女生）
- ②教育内容：以灌输宗教知识为主，同时也进行读、写、算及简单世俗知识的教学
- ③特点：与修道院和主教学校相比，教育范围更广，培养目标更宽泛，但学校条件和水平较低

2. 特点

- （1）教育目的宗教化：培养教会人才，扩大教会势力，巩固封建统治
- （2）教育内容神学化：主要课程是神学和"七艺"
- （3）教育方法原始、机械、烦琐：为了维护教会、神学的绝对权威，强迫学生盲目绝对服从《圣经》和教师，学校实行个别施教，纪律严格，体罚盛行

第三章 西欧中世纪教育（二）

（二）世俗教育 ★★

1. 宫廷学校
（1）宫廷学校设在国王或贵族宫中，培养对象是王公贵族的后代
（2）教育内容与方法：教育内容主要是"七艺"，教学方法采用问答法
（3）教育目的：培养封建统治阶级所需要的官吏

2. 骑士教育
（1）西欧中世纪封建社会一种特殊形式的家庭教育，是封建等级制度的产物，以培养当时封建制度中骑士阶层的成员为目的
（2）三阶段
① 家庭教育阶段（0~7、8岁）：儿童在家庭中接受母亲的教育，主要内容是宗教知识、道德教育和身体的养护与锻炼
② 礼文教育阶段（侍童阶段）（7、8~14岁）：贵族之家按等级将儿子送入高一级贵族家中当侍童，侍奉主人和贵妇，学习上流社会的礼节和行为规范及一些知识内容
③ 侍从教育阶段（14~21岁）：重点学习"骑士七技"，即骑马、游泳、投枪、击剑、打猎、弈棋和吟诗，同时还要侍奉领主和贵妇

3. 城市学校与行会学校
（1）城市学校的产生：新兴市民阶层出于本阶级的特殊经济利益和政治斗争的需要，产生了教育需求，从而出现了城市学校；城市学校是为新兴市民阶层子弟开办的学校的总称，包含不同种类和规模的学校
（2）城市学校的特点
① 领导权：最初大多由行会和商会开办，后来学校逐渐由市政当局接管
② 学校性质：基本上属于世俗性质，打破了教会对学校教育的垄断
③ 教学内容：强调世俗知识，特别是读、写、算的基础知识和与商业、手工业活动有关的各科知识的学习
④ 培养目标：主要满足新兴城市对从事手工业、商业等职业人才的需要，具有一定的职业训练的性质

4. 中世纪大学
一种世俗化与专业化的高等教育机构。一般由一名（或数名）在某一领域有声望的学者和他的追随者自行组织起来，形成类似于行会的团体进行教学和知识交易

（1）产生的原因
① 中世纪后期，经济的复苏和城市的复兴为中世纪大学的产生提供了物质条件，同时也为师生提供了共同研讨学问的必要场所
② 经济发展和城市复兴带来了市民阶层的兴起，迫切需要一种能满足其自身需要的、新型的和世俗的教育机构和教育内容
③ 十字军东征带来了东方的文化，开拓了西欧人的视野；经院哲学的产生及其内部的论争，繁荣了西欧的学术氛围
④ 基督教的教育机构为中世纪大学的产生奠定了组织基础

（2）中世纪大学的发展
① 领导体制：分为两种，"学生"大学，学生主管校务；"先生"大学，教师主管校务
② 培养目标：进行职业训练，培养社会所需要的专业人才
③ 教学内容：文科属于预科性质，一般学制为六年，主要学习内容是"七艺"、哲学等；文科结束后可分别进入法学、神学和医科进行专业的学习
④ 学位制度：学生修完大学课程，经考试合格后可获得"硕士""博士"学位
⑤ 教学方法：演讲（最常用）和辩论

第三章 西欧中世纪教育（三）

（三）拜占庭和阿拉伯教育

1. 拜占庭

（1）主要教育机构
- ①初等学校：招收 6~12 岁儿童，学习正字法、文法初步、算术及《荷马史诗》等
- ②中等学校：主要是文法学校，学习的基本内容是文法和古典作品
- ③高等教育机构：最有影响力的是君士坦丁堡大学，目的是为国家培养高级官吏，以"七艺"为基础课程
- ④教会学校：包括远离城市的隐修院（修道院）和附设于主教教堂里的座堂学校

（2）教育特点
- ①直接继承古希腊和古罗马的文化教育遗产
- ②存在因世俗生活需要而得到发展的世俗教育体系
- ③教会的文化教育体系与世俗的文化教育体系长期并存
- ④在拜占庭教会，除主教外，所有教士均可结婚

（3）历史影响
- ①起到了保存和传播古希腊、古罗马文化的作用
- ②于东欧而言，拜占庭是伟大的教育者、引导者、宗教和文明的源泉
- ③于西欧而言，拜占庭与意大利等保持经济联系，对文艺复兴也起到了一定的作用

2. 阿拉伯

（1）主要教育机构
- ①昆它布：初级教育场所，通常是教师在家招收少量学生，教简单的读写，教学内容为《古兰经》、语法、诗歌等，教学重背诵，由教师决定是否收取学费
- ②宫廷学校和府邸教育：教育政治和宗教领袖的子女，或贵族请教师来家中教育其孩子。为培养作为政治和宗教领袖哈里发设立的教育
- ③学馆：学者在家讲学的地方；讲授内容较为高深，相当于中等程度的教育。学生不分贫富
- ④清真寺：既是宗教场所又是重要的教育场所；将宗教教育与知识传授结合起来；教学以记诵为主
- ⑤图书馆与大学：既收藏图书，也培养学者，是特殊形式的高等教育机构

（2）教育特点：尊师重教、教育机会较均等、神学与实用课程并存、教学组织形式多样和多方筹集教育资金以保证发展教育的物质条件

（3）历史影响
- ①实施开明的文教政策，在融合东、西文明的基础上，形成了具有自己特点的伊斯兰文化教育体系
- ②在数学、天文学、医学、哲学和文学的学术研究和教育方面对西方世界产生了重要影响
- ③在文化教育上取得的辉煌成就对西欧中世纪教育的发展和文艺复兴做出了不可磨灭的贡献

第四章 文艺复兴时期的教育（一）

（一）人文主义教育家

1. 弗吉里奥

第一个表达人文教育思想的人。著有《论绅士风度与自由学科》的专题论文，全面概括了人文主义教育的目的和方法
（1）教育目的：实施通才教育以培养身心全面发展的人
（2）教学方法：教学内容要适合学生的个人爱好和年龄特征
（3）教育内容：最推崇历史、伦理学（道德哲学）和雄辩术

2. 维多里诺

弗吉里奥教育理想的实践者，被称为第一个新式教师
（1）教育实践：开办宫廷学校"快乐之家"，师生关系融洽，学生生活与学习过程充满欢乐
（2）教育目的：倡导自由教育，培养全人，即"受过良好教育的完全公民"
（3）教育方法：采用多种教学方法进行教学，注意其实用性；强调尊重学生的天性和个性，主张学生自治、减少惩戒、禁止体罚
（4）教育内容：开设以古典语文为中心的、十分广泛的人文主义课程

3. 伊拉斯谟

16世纪早期荷兰著名的人文主义思想家和杰出的教育理论家，被称为"欧洲的导师"。代表作主要是《基督教君主的教育》和《论童蒙的自由教育》
（1）人性观：认为人性中有一种潜在的能力，经过精心的培养和适当的教育，这种能力可以充分地、完美地实现。他非常重视人的后天教育。认为影响人的发展因素有三个：自然、训练（最重要）和练习
（2）国家和教会的教育责任：认为教育对国家和个人都是重要的，坚决主张国家和教会应提供足够数量的、能胜任青年教育工作的合格教师来促进教育事业
（3）教学方法：主张要了解儿童的性情，对儿童因材施教；对学生严慈相济，反对对儿童进行体罚和羞辱

4. 莫尔

英国杰出的人文主义者，西方早期的空想社会主义者，其教育思想主要体现在《乌托邦》中
（1）教育目的：培养德、智、体等方面全面发展的人
（2）教育对象：实行公共教育制度，所有儿童不分男女皆享有平等的受教育权
（3）教育内容：涉及智育、体育和道德教育等多个方面，十分广泛
（4）重视劳动的价值并要求对青少年进行劳动教育
（5）成人教育和终身教育的倡导者

5. 蒙田

16世纪法国具有人文主义思想的作家和教育家，其主要著作是《散文集》，教育思想主要体现在《论学究气》和《论儿童的教育》中
（1）教育目的：培养"完全的绅士"
（2）教育意义：使儿童获得智慧、判断能力和认识事物本质的能力，使之更聪明
（3）教育内容：进行"适当教育"，教师教的和学生学的应是对生活实际有用的东西
（4）教育方法：反对死记硬背，提倡学习的独立性

第四章 文艺复兴时期的教育（二）

（二）人文主义教育的特征、影响和贡献 ★★

1. 特征

（1）人本主义：注重个性发展，反对禁欲主义，尊重儿童天性，坚信通过教育的后天力量可以重塑个人、改造社会和自然，充分肯定了人的力量和价值

（2）古典主义：课程设置具有古典性质，但绝非纯粹"复古"，实则含有古为今用、托古改制的内涵

（3）世俗性：人文主义教育洋溢着浓厚的世俗精神，教育更关注今生而非来世

（4）宗教性：几乎所有的人文主义教育家都信仰上帝，他们希望以世俗和人文精神改造中世纪陈腐专横的宗教性，以造就一种更富世俗色彩和人性色彩的宗教性

（5）贵族性：人文主义教育的对象主要是上层子弟，教育的形式多为宫廷教育和家庭教育而非大众教育，教育的目的主要是培养上层人物

2. 影响和贡献

（1）教育内容发生变化：对古希腊罗马的热情使其知识和学科成为教学的主要内容，导致了美育和体育的复兴并关注自然知识的学习

（2）教育职能发生变化：从训练、束缚自己服从上帝到使人更好地欣赏、创造和履行地位所赋予人的职责

（3）教育价值观发生变化：重新发现人，重新确立了人的地位，强调人性的高贵，复兴了古希腊的个人主义价值观

（4）复兴了古典的教育理想：形成了全面和谐发展的完人的教育观念，从中世纪培养教士的目标转向文艺复兴培养绅士的目标

（5）复兴了自由教育的传统：教育推崇理性，复兴古希腊的自由教育

（6）兴起了自然主义教育思想：按照人的需求和本性来设置课程，尊重受教育者的兴趣、爱好、欲望和天性，出现了直观、游戏、野外活动等教育新方法

（7）出现了新道德教育观：新道德观在人文主义的学校中开始取代天主教会的道德观；教育家们强烈要求尊重儿童，反对体罚

（8）教育与劳动相结合及共产主义的教育思想

（9）建立了新型的人文主义教育机构

（10）促进了大学的改造与发展

（11）教育理论不断丰富

（12）推动了教育世俗化的历史进程

第三部分 外国教育史

第五章 宗教改革时期的教育

（一）新教的教育思想

1. 马丁·路德
(1) 提出普及义务教育及其目的，强调教育具有宗教目的的同时也具有世俗目的
(2) 提出国家在普及义务教育中的责任。强调教育权由国家而不是教会掌握，要求国家普及义务教育
(3) 要求建立包含初等、中等和高等教育的国家学校教育新体系
(4) 除了进行《圣经》教育之外，还吸收了人文主义教育的方法和内容。要求学习历史、音乐、体育等其他科目和古典学科
(5) 废除体罚，教学内容要满足儿童求知和活动的兴趣，主张运用直观的方法

2. 加尔文
(1) 强调教育对个人生活、社会生活和宗教生活的意义
(2) 提出普及免费的教育主张，并进行了教育实践，创办了免费学校
(3) 重视人文学科的价值，将宗教科目与人文科目结合起来
(4) 学习古典文科中学的管理模式，并创立了相对完整的教育体系以及日内瓦学院，影响了西方高等教育发展

（二）天主教教育

1. 教育目的：培养精英、控制未来的统治阶层
2. 教育内容：
   (1) 初级部：学习时限 5~6 年，相当于中等教育和大学预科，学习内容以人文学科为主
   (2) 高级部：即哲学部和神学部，属于高等教育
3. 教学管理：以《耶稣会章程》和《教学大全》为标准和尺度，对各级教育行政管理人员的职责权限及其相互关系做了明确规定
4. 师资管理：重视师资的培养与训练，主要包括宗教训练、知识训练、有关教育和教学方法方面的训练
5. 教学形式：学校采用寄宿制和全日制，教学以班级为单位采用集体授课的方式
6. 教学方法：使用讲座、辩论、考试、竞赛等多种方法，提倡温和纪律，强调亲密的师生关系，很少使用体罚

第六章 欧美主要国家和日本的教育发展（一）

（一）英国教育的发展 ★★

1. **公学**：私立教学机构，由公众团体集资兴办，其教学目的是培养一般公职人员，学生在公开场所接受教育，它较之一般的文法学校师资及设施条件好、收费更高，是典型的贵族学校，被称为"英国绅士教育的摇篮"

2. **贝尔—兰开斯特制**
   - （1）含义：又称导生制，由英国传教士贝尔和兰开斯特所创。目的是解决英国近代教育大发展背景下师资匮乏的问题
   - （2）具体实施：由教师在学生中选择一些年龄较大、学习成绩较好的学生充任导生，教师先对导生进行教学，然后由他们去教其他学生

3. **1870年《初等教育法》（《福斯特教育法》）**
   - （1）核心精神：建立英国公共初等教育制度和由地方教育委员会负责的教育督导制度。标志着英国初等国民教育制度正式形成
   - （2）内容
     - ①国家对教育有补助权与监督权，并在缺少学校的地区设置公共初等学校
     - ②全国划分学区，由选举产生的地方教育委员会监督本学区的教育，地方教育委员会有权征收地方教育税
     - ③各学区有权实施5~12岁儿童的强迫教育
     - ④承认以前各派教会所兴办或管理的学校为国家教育机关
     - ⑤学校中的世俗科目与宗教科目分离，凡接受公款补助的学校一律不得强迫学生上特定的宗教教义课程

4. **《巴尔福教育法》**
   - （1）设立地方教育当局，以取代原来的地方教育委员会
   - （2）地方教育当局有权对私立学校和教会学校提供资助和控制
   - （3）首次强调初等教育和中等教育的衔接，并把中等教育纳入地方教育部门管理

5. **《哈多报告》**
   - （1）小学教育应当重新称为初等教育
   - （2）儿童在11岁以后所受到的各种形式的教育均称为中等教育，并设立四种类型的学校
   - （3）为了使每个儿童进入最合适的学校，应当在11岁时进行选拔性考试。同时规定，义务教育的最高年龄为15岁
   - （4）第一次从国家的角度阐明了初等教育与中等教育衔接，中等教育面向全体儿童的思想，并从儿童发展的角度，明确提出初等教育后教育分流的主张，以满足不同阶层人们的需求

6. **《1944年教育法》（《巴特勒法》）**
   - （1）加强国家对教育的控制和领导，设立教育部，统一领导全国教育。同时设立中央教育咨询委员会，负责向教育部长提供咨询和建议
   - （2）加强地方行政管理权限，设立由初等、中等和继续教育组成的公共教育系统
   - （3）实施5~15岁的义务教育
   - （4）提出了宗教教育、师范教育和高等教育改革等要求

7. **《1988年教育改革法》**
   - （1）实施全国统一课程，确定在5~16岁的义务教育阶段开设三类课程：核心课程、基础课程和附加课程
   - （2）设立考试制度，规定在整个义务教育阶段学生要参加四次全国性考试，作为对学生进行甄别和评估的主要依据
   - （3）加强学校管理体制，规定地方教育当局管理下的所有中学、规模较大的小学可以摆脱其控制，直接接受中央教育机构的指导
   - （4）开设城市技术学校，目的是培养企业急需的精通技术的中等人才
   - （5）废除了高等教育"双重制"，使多科技术学院等高等院校脱离地方教育当局的管辖，成为"独立"机构，获得与大学同等的法律地位

第三部分 外国教育史

第六章 欧美主要国家和日本的教育发展（二）

（二）法国教育的发展 ★

1. 启蒙运动时期的国民教育设想

（1）爱尔维修
① 人人智力天生平等，追求教育民主化
② 提出"教育万能"论，把人的成长归因于教育与环境
③ 提出国民教育思想，主张由国家创办世俗教育，教育应该摆脱教会的影响
④ 论述了学习科学知识的重要性，主张爱护身体，重视体育

（2）狄德罗
① 高度评价了教育在个性发展和社会变革中的作用，但否认"教育万能"论
② 认为教育可以发展人的优良的自然素质，抑制不良的自然素质，进而启发人的理性
③ 主张剥夺教会的教育管理权，交由国家政府管理
④ 认为国家应推行强迫义务教育，中学和大学应该向一切人开放
⑤ 强调科学知识的学习，指出研究和学习的主要方法是观察、思考、实验，认为思维能力的培养也是教育的重要任务

（3）拉夏洛泰
① 认为国民教育的目的是培养良好的法国公民，教育应该首先考虑的是国家
② 认为良好的教师必须是严谨、有道德且懂得如何读书的人；自然是最好的老师

2.《帝国大学令》与大学区制

（1）法令内容
① 以帝国大学名义建立专门负责整个帝国公共教育管理事务的团体
② 帝国大学总监为最高教育管理长官，具体负责学校的开办、取缔、教职员任免、提升与罢黜等事宜
③ 帝国大学下设由30人组成的评议会，协助总监管理全国教育事务
④ 将全国划分为27个大学区，每区设总长1人，10人组成学区评议会

（2）特点：① 教育管理权力高度集中；② 全国的教育实行学区化管理；③ 开办任何学校教育机构必须得到国家的批准；④ 一切公立学校的教师都是国家官吏

3.《费里教育法》

（1）义务化：6~13岁为法定义务教育阶段，接受家庭教育的儿童须自第三年起每年到校接受一次考试检查，对不送儿童入校学习的家长则予以罚款
（2）免费化：免除公立幼儿园及初等学校的学杂费，免除师范学校学费、膳食费与住宿费
（3）世俗化：取消宗教课程，公立学校不允许装饰宗教标志；增设道德与公民教育课

4.《郎之万—瓦隆教育改革方案》

（1）六条原则：① 社会公正；② 社会上一切工作价值平等，任何学科价值平等；③ 人人都有接受完备教育的权利；④ 在加强专门教育的同时，适当注意普通教育；⑤ 各级教育实行免费；⑥ 加强师资培养，提高教师地位
（2）免费义务教育三阶段：① 基础教育；② 方向指导阶段；③ 决定阶段

5. 1959年《教育改革法》

（1）义务教育年限由战前的6~14岁延长到16岁，规定到1969年完全实现
（2）6~11岁为初等教育，面向所有儿童
（3）完成初等教育后，除个别被确定不适于接受中等教育的儿童外，其余都可进入中等教育第一阶段，即两年的观察期教育（11~13岁）
（4）两年后，进入中等教育的第二阶段（13~16岁），包括四个类型：短期职业型、长期职业型、短期普通型、长期普通型

第六章 欧美主要国家和日本的教育发展（三）

（三）德国教育的发展 ★

1. 初等国民教育的兴起：16世纪中期起先后颁布了有关国家办学和普及义务教育的法令。1885年普鲁士实行 免费初等义务教育，19世纪末德国初等教育入学率达100%。德国初等教育发展走在了欧美国家前列

2. 巴西多与泛爱学校
   - （1）泛爱学校：受夸美纽斯和卢梭教育思想影响而出现的新式学校，是自然主义教育思想在德国的实践，创始人是巴西多
   - （2）教育目的：最高目的是 增进人类的现世幸福，培养掌握实际知识、具有泛爱思想、健康、乐观的人，反对压制儿童的封建式经院教育，主张热爱儿童，让儿童自由发展
   - （3）教学方法：采用"适应自然"的教学方法，注重直观和游戏
   - （4）教学内容：学习内容十分广泛，本族语 和 实科知识 占重要地位，此外还有外语、体育、音乐、舞蹈和农业、手工劳动等

3. 实科中学：一种既具有 普通教育 性质，又具有 职业教育 性质的新型学校，地位低于文科中学。18世纪兴起，19世纪得以发展；主要职责在于传授自然科学知识和历史科学知识

4. 柏林大学与现代大学制度的确立
   - （1）创立：1810年洪堡创办，在他看来，大学的真正使命在于 提高学术研究水平，为国家长远的发展开拓更广阔的前景
   - （2）特色
     - ①柏林大学拥有充分的 办学自主权，教师与学生享有研究与学习的自由
     - ②聘请一批学术造诣深厚、教学艺术精湛的教授到校任教，切实提高柏林大学的教学质量与学术声望
     - ③重视 学术研究 与培养学生的研究能力
   - （3）柏林大学建立了 讲座教授制度，确立了以研究为核心的现代大学制度，成为现代高等教育的典范

5. 德意志帝国与魏玛共和国时期的教育
   - （1）德意志帝国时期
     - ①形成了典型的 三轨制 和三类学校：国民学校（劳动人民）、中间学校（中层阶级）和 文科中学（上层阶级）；文科中学占比大；这一时期教育具有 等级性 和 阶级性
     - ②19世纪末，对中等教育进行改革，减少文科中学古典语言的分量，其他中学增加自然科学和现代语言的课程；出现了实科中学和文实中学两类学术性中学。从而确立了德国三种中学：文法中学、实科中学和文实中学并存的局面
   - （2）魏玛共和国时期
     - ①规定德国教育发展的指导思想，明确 教育权归各州所有，国家负责监督
     - ②在普通教育上，主张废除"双轨制"，建立统一的公立学校系统
     - ③儿童 本人的素质 和 倾向 决定其进入何种学校，对于学习有困难的学生，国家应提供经费给予帮助

6. 《改组和统一公立普通学校教育的总纲计划》
   - （1）它集中探讨了 普通初等和中等教育的改进问题，赞同保留中等学校的三分制体制，促进儿童个别爱好和专门特长的发展
   - （2）提出所有的儿童均应接受四年的基础学校教育，然后再接受两年促进阶段的教育
   - （3）建议设置三种中学：主要学校、实科学校、高级中学

（第三部分 外国教育史）

第六章 欧美主要国家和日本的教育发展（四）

（四）俄国及苏联教育的发展

1. 彼得一世教育改革
- （1）初等教育：进行了举办国立初等普通教育学校的尝试
- （2）中等教育和高等教育：为了培养本国的高级人才，提出建立科学院的设想，分为数学研究、自然研究和文科研究三部分，并附设大学和预备中学
- （3）专门教育：提出创建实科性质的学校，特别是有关军事技术的专门学校

2.《国民学校章程》
- （1）地位：1786年颁布了《俄罗斯帝国国民学校章程》，是俄国政府历史上发布最早的有关国民教育制度的法令。标志着俄国教育制度化和法制化的开端
- （2）内容
  - ①规定各地设立国民学校，由当地政府领导，聘请校长进行管理。经费由当地政府、贵族以及商人共同负担
  - ②学制形式：在县设置两年制的免费初级国民学校；在省设置五年制的免费中心国民学校，也可同时设初级国民学校

3. 苏联建国初期的教育管理体制改革
- （1）领导机构：建立了教育人民委员会和国家教育委员会
- （2）阐明了教育工作的总方针和基本原则，实施免费、普及的义务教育，清除了教会对学校的影响
- （3）废除了旧的国民教育管理制度，撤销学区制、学堂管理处和视察处等机构

4.《统一劳动学校规程》
- （1）定义：凡属教育人民委员部管辖的俄罗斯苏维埃社会主义共和国的一切学校（除高等学校外），一律命名为"统一劳动学校"
- （2）"统一"指所有的学校（从幼儿园到大学）是一个不间断的阶梯，所有儿童应进同一类型学校，沿着这个阶梯升入高一级学校学习
- （3）"劳动"强调"新学校是劳动的"，将劳动列入学校课程，学生通过劳动"积极、灵活、创造性地认识世界"
- （4）统一劳动学校分为两阶段：第一级学校招收8~13岁儿童，学习期限5年；第二级学校招收13~17岁少年和青年，学习期限4年。两级学校均免费，且相互衔接

5. 20世纪20年代的学制调整和教学改革实验
- （1）综合教学大纲的试行及其经验教训
  - ①完全取消学科界限，指定要学生学习的全部知识，按自然、劳动和社会三方面的综合形式来编排，而且以劳动为中心
  - ②采用劳动的教学法，即在自然环境中，在劳动和其他活动中进行教学
- （2）加强劳动教育和综合技术教育：劳动是学校生活的组成部分，研究人类的劳动活动乃是整个教学大纲的基础和核心

6. 20世纪30年代教育的调整、巩固和发展
- （1）1931年颁布了《关于小学和中学的决定》，这个决定是20世纪30年代苏联改革和发展国民教育的纲领性文件
- （2）从当时的实际情况出发，对学校的基本任务、教学方法、中小学的物质基础以及学校管理等方面提出了明确的要求和具体的改进措施，强调系统知识和传统的教学方法

第六章 欧美主要国家和日本的教育发展（五）

（五）美国教育的发展 ★★★

1. 殖民地普及义务教育
- （1）初等教育：1647年，马萨诸塞州规定凡满50户居民的市镇设教师一人，满百户的市镇设小学一所
- （2）中等教育：1751年富兰克林在费城创办了第一所文实中学，标志着美国中等教育的发展进入新阶段

2. 贺拉斯·曼与公立学校运动
- （1）贺拉斯·曼论教育
  - ①贺拉斯·曼：19世纪美国著名的教育实践家，被称为"美国公立学校之父"
  - ②教育作用：实施普及教育是共和政府存在的保证；教育是维持社会安定的重要工具；教育还是人民摆脱贫穷的重要手段
  - ③教育目的：培养社会需要的各类专业工作者
  - ④教育内容：体育、智育、政治教育、道德教育以及宗教教育诸方面
  - ⑤师范教育：视为提高公立学校教育的重要手段，倡议创设师范学校来培养教师
- （2）公立学校运动
  - ①含义：指依靠公共税收维持、由公共教育机关管理、面向所有公众的免费的义务教育运动
  - ②意义：奠定了美国资本主义教育制度的基础，促进了普及义务教育的开展，同时也促进了美国师范学校的发展

3.《莫里尔法》
- （1）内容：联邦政府按各州在国会的议员人数，按照每位议员三万英亩的标准向各州拨赠土地，各州将赠地收入用于开办或资助农业和机械工艺学院，称"赠地学院"
- （2）意义：此类学校的设立确立了美国高等教育为工农业生产服务的方向，一定程度上改善了高等教育发展与社会需要联系不够密切的状况

4. "六三三"制
- （1）《中等教育的基本原则》：指出美国教育的指导原则是民主，应当使每一个成员通过为他人和为社会服务的活动来发展他的个性
- （2）中等教育的目标：①健康；②掌握基本的方法；③高尚的家庭成员；④职业；⑤公民资格；⑥适宜的使用闲暇；⑦道德品格
- （3）六三三学制：初等教育阶段为6年；中等教育由初级和高级两个阶段组成，每个阶段3年。中等教育应在包容所有课程的综合中学进行

第六章 欧美主要国家和日本的教育发展（六）

（五）美国教育的发展 ★★★

5. 初级学院运动

（1）兴起：19世纪末20世纪初兴起，是这一时期美国高等教育发展中具有重要意义的革新运动。它所创立的一种新的教育形式，促进了美国高等教育的普及和发展

（2）特点：
① 一种从中等教育向高等教育过渡的教育
② 招收高中毕业生，传授比高中稍广一些的普通教育和职业教育方面的知识
③ 由地方社区以及私人团体和教会开办，不收费或收费较低
④ 学生就近入学，可以走读，无年龄限制，也无入学考试
⑤ 课程设置多样，办学形式灵活，学生毕业后可直接就业，也可以转入四年制大学的三年级继续学习

6.《国防教育法》

（1）背景：1957年苏联卫星上天后，美国朝野极为震惊，改革教育的呼声高涨。在此背景下，1958年美国总统批准颁布了《国防教育法》

（2）内容：① 加强普通学校的自然科学、数学和现代外语的教学；② 加强职业技术教育；③ 强调"天才教育"；④ 增拨大量教育经费

7.《中小学教育法》

（1）1965年由美国国会通过，该法重申了黑人和白人学生合校教育的政策，制定了对处境不利儿童的教育措施

（2）内容：小学目标是加强普通文化科学知识的教育，为将来接受专业教育打基础；中学目标是使学生学习各种知识技能，学会钻研科学的方法，为高校输送合格生源做准备

8. 生计教育和"返回基础"教育运动

（1）生计教育：美国教育总署署长马兰于1971年首倡。其实质是以职业教育和劳动教育为核心，引导帮助人们一生学会许多新的知识技能，以在适应瞬息万变的社会过程中，实现个人生存与社会发展的双重目的

（2）"返回基础"：针对中小学基础知识教学和基本技能训练薄弱问题而开展。该运动实质上是一种恢复传统教育的思潮，强调严格管理，提高教育质量

9.《国家在危机中：教育改革势在必行》

该报告以提高美国教育质量为中心，是直接引领美国20世纪80年代中期开始的教育改革实践的重要纲领性文件。其具体改革建议如下：

（1）加强中学五门"新基础课"的教育，必须开设数学、英语、自然科学、社会科学和计算机课程
（2）提高教育标准和要求
（3）改进师资培养，同时提高他们的社会地位和物质待遇
（4）联邦政府、州和地方官员以及学校校长和学监负责领导教育改革的实施；政府及全体公民都要为实现教育改革的目标提供必要的财政资助

第六章 欧美主要国家和日本的教育发展（七）

（六）日本教育的发展

1. 明治维新时期教育改革 ★

（1）建立中央集权式的教育管理体制。1871年，明治政府在中央设立文部省，统一管理全国文化教育事业并兼管宗教事务。1872年颁布《学制令》了进一步确立了日本教育领导体制，即中央集权式的大学区制

（2）发展初等教育。1886年的《小学令》规定初等教育学习年限为8年，分4年寻常小学义务教育和4年高等小学收费教育实施

（3）发展中等教育。1886年的《中学校令》规定：中学承担实业教育及为学生升入高等学校做准备的两大任务；中学分为寻常中学和高等中学。前者修业5年，由地方设置及管理，属普通教育；后者修业2年，属大学预科的性质，直接接受文部大臣的领导

（4）发展高等教育。《帝国大学令》改东京大学为帝国大学，明确其任务为适应国家发展需要，讲授和研究学术及技术理论，培养大批管理干部及科技人才。在内部组织上，帝国大学由大学院及分科大学组成，大学院侧重于学术和科学研究，分科大学侧重于专门知识传授

（5）发展师范教育。《师范学校令》将师范学校分为寻常师范学校和高等师范学校，要求师范学校须以"培养教员应有的品德和学识"，使教员具有"顺良、信爱、威重的气质"为己任

2. 军国主义教育体制的形成和发展

（1）对日本师生民主进步运动的控制和镇压

（2）加强军国主义思想的传播

（3）军事训练学校化和社会化

3.《教育基本法》和《学校教育法》

（1）《教育基本法》
① 教育必须以陶冶人格为目标，必须致力于培养和平国家及社会的建设者
② 全体国民接受九年义务教育
③ 尊重学术自由
④ 政治教育是培养有理智的国民，不搞党派宣传
⑤ 国立、公立学校禁止宗教教育
⑥ 教育机会均等，男女同校
⑦ 教师要完成自己的使命，应受到社会尊重，保证教师享有良好的待遇
⑧ 家庭教育和社会教育应得到鼓励和发展

（2）《学校教育法》
① 废除中央集权制，实行地方分权，新设教育委员会管理各地学校行政事务
② 采用六三三四制单轨学制，延长义务教育年限，儿童6岁入学，男女儿童教育机会均等，实行男女同校制度
③ 高级中学以施行普通教育和专门教育为目的，按课程设置情况分为单科制高中和综合制高中
④ 统一高等教育机构的学校类型

4. 20世纪70—80年代的教育改革

（1）20世纪70年代的教育改革：涉及各级各类教育，尤其重视日本中小学教育和高等教育改革

（2）20世纪80年代的教育改革
① 领导机构："临时教育审议会"和"教育改革推进本部"，成为20世纪80年代以来日本教育改革的领导机构
② 改革目标：培养青年一代具有广阔的胸怀、强健的体魄和丰富的创造力，具有自由、自律的品格和公共精神，成为面向世界的日本人
③ 改革原则：重视个性原则、国际化原则、信息化原则和向终身教育体制过渡的原则

第七章 欧美教育思想的发展（一）

（一）夸美纽斯的教育思想 ★★★

1. 论教育的目的和作用

（1）论教育目的
- ① 从宗教世界观出发，认为人生的最终目的是达到"永生"，教育的目的是使人为来世生活做好准备
- ② 现实性目的是通过教育使人认识和研究世界上一切事物，培养和发展他们的各种能力、德行和信仰，以便享受现世的幸福，并为永生做好准备

（2）论教育作用
- ① 对国家和社会的作用：把教育看作改造社会、建设国家的手段
- ② 对人的作用：人都有一定天赋，这些天赋发展得如何，关键在教育。只要接受合理的教育，任何人的智力都能得到发展
- ③ 对宗教的作用：通过教育去培养学问、道德和虔信的种子，从而步入天堂

2. 论泛智学校

（1）教育观：夸美纽斯提出了"将一切事物教给一切人"的泛智主义教育观，主张普及教育于全体儿童和民众

（2）主要内容
- ① 教育内容泛智化
- ② 教育对象普及化

3. 论普及教育

（1）含义："人人都可以接受教育"，其核心是泛智论。夸美纽斯认为从儿童的身心特点出发进行教育，所有儿童都具备接受普及教育的心理素质

（2）措施
- ① 广设泛智学校
- ② 采用班级授课制
- ③ 实行学年制
- ④ 编写统一的泛智教材

4. 统一学制及其管理实施

（1）统一学制
- ① 目的：使国家便于管理全国的学校，使所有的儿童都有上学的机会，夸美纽斯按照儿童身心发展的自然规律，提出建立统一的学制系统
- ② 阶段：婴儿期（0~6岁），设母育学校；儿童期（6~12岁），设国语学校；少年期（12~18岁），设拉丁语学校；青年期（18~24岁），设大学

（2）管理实施
- ① 强调国家对教育的管理职责，认为国家应该设立督学对全国的教育进行监督，保证教育得到统一发展
- ② 督导的职责：
  - 培训教育管理者，管理各级学校人员
  - 检查学校工作，监督学校规章的执行
  - 指导社会和家庭教育

第七章 欧美教育思想的发展（二）

（一）夸美纽斯的教育思想 ★★★

5. 论学年制和班级授课制

（1）学年制
- 目的：改变当时学校教学活动缺乏统一安排的无序状况
- 具体内容：
  - ①根据学年制度，各年级应在同一时间开学和放假
  - ②每年招生一次，学生同时入学，以便全班学生的学习进度一致
  - ③学年结束时，经过考试，同年级学生同时升级
  - ④学校工作要有计划，使每月、每周、每日、每时都按照计划进行各项工作

（2）班级授课制
- 目的：实现普及教育、提高教学效率，改变教师只对学生进行个别教学和指导的状况
- 具体内容：
  - ①把全校的学生按照年龄和程度分成班级，作为教学的组织单元
  - ②每个班级有一个教室，以免妨碍别的班级
  - ③每个班级由一位教师同时对全班学生进行教学，以代替传统的个别施教
  - ④每个班级分成多个10人小组，选出组长，帮助教师管理小组同学，考察同学学业
  - ⑤为每个班级制定了统一的教学计划，编写统一的教材，规定统一的作息时间，使每年、每月甚至每时的教学都有计划地进行

6. 论教育和教学的基本原则

（1）论教育适应自然的原则：贯穿夸美纽斯整个教育体系，"自然"包括两方面：①自然界及其普遍法则；②人与生俱来的天性

（2）主要教学原则
- ①直观性原则：教学从观察实际事物开始；不能直接观察时，可使用图片或模型
- ②激发学生求知欲望原则：父母在子女面前赞扬学问及有学问的人；教师用温和的语言和循循善诱的态度吸引学生，表扬用功的学生
- ③巩固性原则：强调学生掌握并牢牢记住所学知识，认为只有巩固的知识储备才能帮助学生随时随地加以运用
- ④量力性原则：反对教学不考虑学生的接受能力；从教育适应自然的理论出发，在教育史上首次提出该原则
- ⑤系统性和循序渐进性原则：系统性要求教材的组织应具有系统性和逻辑性；循序渐进要求教学应遵守从已知到未知、从易到难等规则

第三部分 外国教育史

第七章 欧美教育思想的发展（三）

（二）洛克的教育思想 ★★

1. 白板说：洛克认为人出生后心灵如同一块白板，一切知识都是建立在由外部而来的感官经验之上。因此，教育在人的形成中具有重要的作用

2. 绅士教育
   - （1）教育目的：最高目的是培养绅士。绅士应该是"有德行、有用、能干的人才"，新兴资产阶级的"事业家"，具有"德行、智慧、礼仪和学问"以及健康的身体素质
   - （2）内容
     - ①体育：身体强健的主要标准是能忍耐劳苦，需要从小逐渐养成习惯
     - ②德育：道德观念来自教育和生活环境。德行的原则是学会自我克制、服从理智
     - ③智育：学问应该使儿童感到愉快，而不是强加的负担

（三）卢梭的教育思想 ★★★

1. 自然教育理论及其影响
   - （1）含义
     - ①核心：回归自然
     - ②内涵
       - 一方面，善良的人性存在于纯洁的自然状态中
       - 另一方面，每个人都是由自然的教育、事物的教育、人为的教育培养起来的。只有三者圆满结合才能达到预期的目的
   - （2）培养目标：最终培养目标是"自然人"，即身心调和发达、体脑两健、能力旺盛的新人。其特征是独立自主、平等、自由、自食其力
   - （3）方法原则
     - ①必要前提是改变对儿童的看法
     - ②总原则是在任何事情上都让大自然按它最喜欢的办法去照顾孩子，成人不必干预
     - ③给予儿童充分的自由，贯彻遵循自然的消极教育
     - ④根据儿童天性的个体差异，因材施教
   - （4）实施
     - ①婴儿期（0~2岁）：以身体的养育和锻炼为主
     - ②儿童期（2~12岁）：儿童的"理性睡眠期"，主要进行感官训练和身体发育，还应掌握一些道德观念这时的儿童不适宜理性教育，不应强迫儿童读书
     - ③少年期（12~15岁）：主要进行知识学习和劳动教育
     - ④青春期（15~20岁）：主要接受道德教育、宗教教育、爱情教育和性教育

2. 公民教育理论
   - （1）目标是培养忠诚的爱国者，也是适应当时社会发展的资产阶级创业者
   - （2）卢梭主张国家掌管学校教育，设立一个最高行政院为教育的最高管理机构；要求儿童受同样的教育
   - （3）教师必须由本国公民担任，国家对优秀教师予以提拔重用
   - （4）体育是教育里最重要的部分

第七章 欧美教育思想的发展（四）

（四）裴斯泰洛齐的教育思想 ★★★

1. 教育实践活动
- （1）第一阶段（1768—1798年），新庄时期。收留流浪儿，开始首次教育实验
- （2）第二阶段（1798—1799年），斯坦兹时期。创建斯坦兹孤儿院，积累以母爱作为德育基础的新经验
- （3）第三阶段（1799—1805年），布格多夫时期。在幼儿园任教，从事初等教育的改革、探索
- （4）第四阶段（1805—1827年），伊佛东时期。建立伊佛东学校，使教学法得到了更加广泛的实验和应用

2. 论教育目的
- （1）教育的首要功能：促进人的发展，尤其是人的能力的发展
- （2）教育的最终目的：发展各人天赋的内在力量，使其经过锻炼，能尽其才，能在社会上达到他应有的地位
- （3）基本内涵
  - ①由于上帝的创造，人有"心、脑、手"三种天赋的潜能
  - ②人只有通过艺术，才能成其为人
  - ③教育意味着完整的人的发展
  - ④通过教育可以使人成为人格得到发展的真正独立的人

3. 论教育心理学化
- （1）地位：第一个明确提出"教育心理学化"口号和诉求的教育家
- （2）基本内涵
  - ①教育目的的心理学化。要求将教育的目的和理论指导置于儿童本性发展的自然法则的基础上
  - ②教育内容心理学化。教学内容的选择和编制适合儿童的学习心理规律
  - ③教学原则和教学方法的心理学化。教学要遵循自然的规律，要使教学程序与学生的认识过程相协调
  - ④要让儿童成为他自己的教育者。教育者要适应儿童的心理时机，尽力调动儿童的自我能动性和积极性

4. 论要素教育
- （1）基本思想：初等学校的各种教育都应该从最简单的要素开始，然后逐渐转到日益复杂的要素，循序渐进地促进人的和谐发展
- （2）基本内容
  - ①德育：最基本的要素是儿童对母亲的爱。随着孩子成长，便由爱母亲发展到爱周围的人。入学后，扩展到爱所有人，爱全人类
  - ②智育：基本要素是数目、形状和语言。在这些要素基础上进行教学和设计课程，从而促进儿童的心理发展
  - ③体育：基本要素是关节活动。从基本动作的训练开始，逐渐进行较复杂的动作训练，以发展他们身体的力量和技能

5. 初等学校各科教学法
- （1）语言教学：语言教学分三个阶段：发音教学、单词教学、语言教学
- （2）算术教学："1"是数目最简单的要素，教学应通过具体实物或直观教具使儿童产生"1"的概念，从"1"开始，用个位数进行运算，并了解数的关系
- （3）测量教学：也称形状教学，其目的是发展儿童对事物形状的认识能力。教学应从直线开始到复杂图形

6. 教育与生产劳动相结合
- （1）地位：西方教育史上第一位将教育与生产劳动相结合这一思想付诸实践的教育家
- （2）内涵：最初，裴斯泰洛齐认为两者结合，只是一种单纯的、机械的外部结合，教学与劳动间无内在联系。后期，他关注生产劳动的教育价值，将两者在人的内部结合起来，深信教育与劳动相结合对培养和谐发展的人具有重大教育意义，并认为这也是基于教育心理学化的教育途径

第三部分 外国教育史

第七章 欧美教育思想的发展（五）

（五）赫尔巴特的教育思想 ★★★

1. 教育思想的理论基础

（1）伦理学基础
- ①主要内容：<u>五项道德观念</u>，即内心自由、完善、仁慈、正义、公平
- ②重要特征：强调知识或认识在德行形成过程中的作用
- ③关系：五种道德观念是一个不可偏废的<u>相互联系</u>的整体。前两种是调节个人道德行为，后三种是调节社会道德行为

（2）心理学基础：赫尔巴特是第一位把<u>心理学作为一门独立学科</u>加以研究并努力把它建设成为一门科学的思想家。其核心概念有观念、意识阈和统觉

2. 道德教育理论

（1）教育目的论
- ①<u>必要的目的</u>：教育所要达到的<u>最高</u>和<u>最为基本</u>的目的，即养成五种道德观念
- ②<u>可能的目的</u>：与儿童未来所从事的职业有关的目的。这种目的是要发展多方面的兴趣，使人的各种能力得到和谐发展，即兴趣的多方面性

（2）教育性教学原则
- ①<u>知识与道德具有直接的和内在的联系</u>，所以道德教育只有通过教学才能产生实际的作用
- ②教学是道德教育的基本途径
- ③教学目的与整个教育目的要保持一致，教育的最高目的在于养成德行
- ④为达到最高目的，教学还必须为自己设立一个近期的、较为直接的目的，即"多方面的兴趣"

（3）儿童的管理与训育
- ①<u>儿童管理</u>：一种道德教育，目的在于创造秩序，预防某些恶行，为随后进行的教学创造必要的条件
- ②<u>训育</u>
  - 内涵：指有目的地进行培养，其目的在于形成<u>性格的道德力量</u>
  - <u>四个阶段</u>：道德判断、道德热情、道德决定和道德自制
  - <u>具体措施</u>：维持的训育；起决定作用的训育；调节的训育；抑制的训育；道德的训育；提醒的训育

3. 课程理论

（1）课程必须与儿童的<u>经验</u>和<u>兴趣</u>相适应
（2）课程要与<u>统觉过程</u>相适应
（3）课程必须要与<u>儿童发展阶段</u>相适应

4. 教学理论

（1）教学进程理论
- ①统觉过程的<u>三个环节</u>：感官的刺激、新旧观念的分析和联合、统觉团的形成
- ②统觉的<u>三个教学进程</u>：单纯提示的教学、分析教学和综合教学

（2）教学形式阶段理论
- ①<u>明了</u>（或清晰）：学生处于静止的专心活动；教师通过运用直观教具和讲解的办法，进行明确的提示
- ②<u>联合</u>（或联想）：兴趣活动处于获得新观念前的期待阶段；教师的主要任务是与学生进行无拘束的谈话，运用分析的教学方法
- ③<u>系统</u>：兴趣活动处于要求阶段；教师需采用综合的教学方法，使新旧观念间的联合系统化，从而获得新的概念
- ④<u>方法</u>：新旧观念间的联合形成后需进一步巩固和强化，要求学生自己进行活动，通过练习巩固新习得的知识

第七章 欧美教育思想的发展（六）

（六）福禄培尔的教育思想 ★

1. **万物有神论**：即统一的原则，具有宗教色彩。教育的实质在于使人能自由和自觉地表现他的本质，即上帝的精神。教育的任务是帮助人类逐步认识自然、人性和上帝的统一

2. **顺应自然**原则：此处的自然主要指儿童的天性，即生理和心理特点。但福禄培尔并非绝对否认强制性、干预性的教育。他的教育顺应自然思想是建立在性善论的基础上的

3. **幼儿园**
   - （1）幼儿园工作的意义和任务
     - ①意义：幼儿园教育作为家庭教育的"补充"而非"代替"，强调幼儿园是家庭生活的继续和扩展
     - ②任务：通过各种游戏和活动，培养儿童的社会态度和民族美德，使其认识自然与人类，发展智力与体力及做事或生产的技能和技巧；担负训练幼儿园教师、推广幼儿教育经验的任务
   - （2）教育方法
     - ①基本原理：自我活动或自动性。福禄培尔认为，自我活动是一切生命最基本的特性，也是人类生长的基本法则
     - ②游戏：把游戏看作儿童内在本质向外的自发表现，是人在这一阶段上最纯洁的精神产物
     - ③社会参与：要求教育儿童使之充分适应小组生活，并重视家庭和邻里生活之复演
   - （3）课程：福禄培尔建立了一个以活动与游戏为主要特征的幼儿园课程体系，包括游戏与歌谣、恩物游戏、手工作业、表演和讲故事等

4. **恩物与作业**
   - （1）恩物
     - ①内涵：福禄培尔创制的一套供儿童使用的教学用品。其教育价值在于它是帮助儿童认识自然及其内在规律的重要工具
     - ②恩物应该满足的条件
       - 能使儿童理解周围世界，又能表达他对这个客观世界的认识
       - 每种恩物应该包含一切前面的恩物，并能预示后继的恩物
       - 每种恩物本身应表现为完整的有秩序的统一观念，即整体由部分组成，部分可形成有秩序的整体
   - （2）作业：作业与恩物关系密切，主要体现福禄培尔关于创造的原则。实际上，作业要求将恩物的知识运用于实践
   - （3）两者的关系
     - ①从安排的顺序看，恩物在先，作业在后。恩物为作业的开展提供基础，作业是幼儿利用恩物进行游戏后的更高发展阶段
     - ②从儿童内心需要看，恩物反映模仿的本能，作用在于接受或吸收；作业反映创造的本能，作用在于发表和表现
     - ③从活动的材料看，恩物游戏不改变材料的形态，作业则要改变材料的形态
     - ④从性质看，恩物是活动的材料。作业既包括活动，也包括活动的材料

第三部分 外国教育史

第七章 欧美教育思想的发展（七）

（七）斯宾塞的教育思想 ★

1. 生活准备说：教育目的在于为完满生活做准备，为实现此目的，教育应从当时古典主义的传统束缚中解放出来，应该切实适应社会生活与生产的需要

2. 知识价值论：提出了"什么知识最有价值"这一问题，并将评价知识的标准定义为对生活、生产和个人发展的作用，知识对生活的作用越大则价值越大

3. 科学教育论：其教育理论以科学知识为中心，重视个人和社会生活，是教育思想上的一次变革，极大地推动了科学教育的发展。但是，他的教育观也带有明显的时代局限性

4. 课程论
   - （1）直接有助于自我保全的活动：生理学与解剖学
   - （2）获得生活必需品而间接有助于自我保全的活动：逻辑学、数学、力学、天文学、化学、地质学、生物学和社会科学
   - （3）抚养和教育子女的活动：生理学、心理学与教育学
   - （4）与维持正常的社会和政治关系有关的活动：历史学
   - （5）闲暇时间用于满足爱好和感情的各种活动：文学、艺术等

（八）马克思和恩格斯的教育思想 ★

1. 对空想社会主义教育思想的批判继承
   - （1）对资本主义社会教育的批判
   - （2）环境和教育对人的发展的影响
   - （3）关于人的全面发展
   - （4）关于教育与生产劳动相结合

2. 论人的全面发展与教育的关系：人的全面发展是马克思、恩格斯教育理论的核心；实现人的全面发展和彻底消灭私有制、建立共产主义社会是互为条件的

3. 论教育与生产劳动相结合的重大意义
   - （1）教育与生产劳动相结合不仅是提高社会生产力的一种方法，而且是造就全面发展的人的唯一方法，是改造现代社会的强有力手段之一
   - （2）大工业的本性需要尽可能多方面发展的工人，客观上要求将生产劳动与教育结合，使工人尽可能受教育；将教育与生产劳动结合，以培养能多方面发展的劳动者
   - （3）机器大工业生产是建立在现代科学技术基础上的，为通过科学这一中介，将教育与生产劳动有机结合提供了基础
   - （4）综合技术教育使儿童获得运用生产最简单工具的技能的现代教育内容，为教育与生产劳动相结合提供了重要的"纽带"

第七章 欧美教育思想的发展（八）

（九）19世纪末至20世纪前期的教育思潮和教育实验 ★★★

新教育运动又称"**新学校运动**"，是指19世纪末20世纪初在欧洲兴起的教育改革运动，初期以建立不同于传统学校的新学校作为新教育的"**实验室**"为特征

1. 新教育运动中的著名实验

① **阿博茨霍尔姆乡村寄宿学校**：由英国教育家雷迪创办，**标志着新教育运动的开端**，被誉为欧洲"新学校"的典范。教育对象是11~18岁的男孩，目的是将其造就成新型的各领导阶层人士

② **乡村之家运动**：德国教育家利茨创办了**德国第一所乡村教育之家**，招收12~16岁的学生。在他的影响下，德国先后出现了许多以他的学校为模式的新学校，形成"乡村之家运动"

③ **罗歇斯学校**：法国教育家德莫林创办**法国的第一所新学校**。该校尤重体育，因此有"**运动学校**"之称

④ **生活学校**：又称隐修学校，由德可乐利创办，由此形成德可乐利教学法。教育对象为4~18岁的儿童，从**幼儿园到中学一体化**

2. 梅伊曼、拉伊的实验教育学

（1）基本特征
① 重视研究儿童发展与教育的关系，主张用**实验、统计**和**比较**的方法探索儿童心理发展过程的特点及其智力发展水平
② 强调**从实验的结果中寻找**教育的途径和方法
③ 主张通过**测量**和**统计**等方法进行研究，努力将教育学建立在自然科学的基础上

（2）三个阶段
① 就某一问题**构成假设**
② 根据假设**制订实验计划**，进行实验
③ 将实验结果**应用于实际**，以证明其正确性

3. 凯兴斯泰纳的"公民教育"与"劳作学校"理论

（1）公民教育理论
① 内涵：**教育有用的国家公民**是国家公立学校的目的，也是一切教育的目的。其中心内容是通过个人的完善来实现为国家服务的目的
② "**有用的国家公民**"应具备**三项品质**：具有关于国家的任务的知识；具有为国家服务的能力；具有热爱祖国、愿意效力于国家的品质

（2）劳作学校理论
① 内涵：一种**最理想的学校组织形式**，是为国家培养有用公民的重要教育机构
② 基本精神：让学生在自动的创造性的劳动活动中，得到性格的陶冶
③ 劳作学校的**三项任务**：职业陶冶的预备；职业陶冶的伦理化；团体的伦理化

4. 蒙台梭利的教育思想

（1）论幼儿的发展
① 内涵：蒙台梭利的幼儿教育思想建立在**幼儿生命力学说**之上，她认为，儿童存在着内在的生命力，其生长是由于内在生命潜力的自发发展。因此，她强调遗传的作用，**推崇内发论**，也重视环境的教育作用，认为儿童的内在潜能是个体和环境之间相互作用的结果
② **显著特点**：具有独特的心理胚胎期；心理具有吸收力；发展具有敏感期；发展具有阶段性

（2）蒙台梭利教学法包括：①儿童敏感期的利用（内在可能性）；②教学材料；③作为观察者的教师（有刺激的环境）

第三部分 外国教育史

第七章 欧美教育思想的发展（九）

（九）19世纪末至20世纪前期的教育思潮和教育实验 ★★★

5. 进步主义教育运动历程：指产生于19世纪末持续到20世纪50年代的美国的一种教育革新思潮，旨在反对工业社会的政治经济弊病。在美国公立学校进行。其发展经历了 兴起、成型、转折 和 衰落 四个阶段

6. 昆西教学法
- （1）代表人物：帕克
- （2）主要特征：① 强调儿童应处于学校教育的中心；② 重视学校的社会功能；③ 主张学校课程应尽可能与实践活动相联系；④ 强调培养儿童自我探索和创造的精神

7. 有机教育学校
- （1）代表人物：约翰逊
- （2）主要观点：
  - ① 目的是发展人的整个机体，包括培养感觉、体力、智力和社会生活；遵循学生的自然生长
  - ② 学校根据学生的年龄来分组，称作"生活班"，而不是年级；课程设置以活动为主；强迫的作业、指定的课文和通常的考试都被取消
  - ③ 重视社会意识的培养，反对放纵儿童

8. 葛雷制
- （1）代表人物：沃特。葛雷制又称"双校制""二部制"或"分团学制"
- （2）主要观点：
  - ① 把学校分成四个部分：体育运动场、教室、工厂和商店、礼堂。课程也分为四个方面：学术工作，科学、工艺和家政，团体活动以及体育和游戏
  - ② 教学中采用二重编法，即将全校学生一分为二，一部分在教室上课，另一部分则在体育场等其他地方活动，上下午对调，解决了葛雷地区学校少、供不应求的矛盾

9. 道尔顿制
- （1）代表人物：帕克赫斯特
- （2）主要观点：
  - ① 个别教学制，主张废除课堂教学、课程表和年级制，代以公约或合同式的学习；将教室改为各科实验室，配该科教师一人辅导学生；按学科性质陈列参考用书和实验仪器
  - ② 用表格法了解学生的学习进度
  - ③ 基本要素：制定作业、工作合约、实验室和表格法
  - ④ 重要原则：自由与合作

10. 文纳特卡制
- （1）代表人物：华虚朋
- （2）主要观点：
  - ① 一种个别教学制，重视使学校的功课适应儿童的个别差异。将个别学习和小组学习结合起来，个性发展与社会意识的培养相联系
  - ② 将课程分为共同的知识或技能和创造性的、社会性的作业。前者按学科进行，学生自学为主，教师适当进行辅导；以考试来检验学习成果；后者则以小组为单位，不进行考试

11. 设计教学法
- （1）代表人物：克伯屈
- （2）主要观点：
  - ① 主张放弃固定的课程体制，取消分科教学及现有的教科书，把学生有目的的活动作为所设计的学习单元
  - ② 四类型：生产者设计；消费者设计；问题设计；练习设计
  - ③ 四步骤：决定目的；制订计划；实施计划；评判结果

第七章 欧美教育思想的发展（十）

（十）杜威的教育思想 ★★★

1. 论教育的本质

(1) 教育即生活：教育是生活的过程。实质上是要改造不合时宜的学校教育和学校生活，使之更富活力，更有乐趣，更有益于儿童发展和社会改造

(2) 学校即社会：要将"学校即社会"落于实处，就必须改革课程，从分科课程变为活动课程。"学校即社会"是对"教育即生活"的进一步引申，代表社会生活的活动性课程的引入是使学校与社会生活相联系的基本保证

(3) 教育即生长：要求摒弃压抑、阻碍儿童自由发展之物，使一切教育和教学适合儿童的心理发展水平和兴趣、需要的要求。而生长是机体与外部环境、内在条件与外部条件相互作用的结果，是一个持续不断的社会化的过程。杜威要求尊重儿童，但反对放纵儿童

(4) 教育即经验的改造：指构成人的身心的各种因素在外部环境和人的主动经验过程中统一的全面改造、发展、生长的连续过程

2. 论教育的目的

(1) 教育无目的论：从教育本质论出发，杜威反对外在的、固定的、终极的教育目的，认为教育无目的。他所追求的是过程内的目的，即"生长"。其主要意图在于反对外在因素对儿童发展的压制，要求教育尊重儿童的愿望和要求，使儿童从教育本身中、从生长过程中得到快乐

(2) 教育的社会目的：教育存在社会性目的，即民主。杜威认为，教育是社会改良和进步的基本方法。教育要培养具有良好公民素质、民主思想和生活能力的人，要培养具有科学思想和精神、能解决实践问题的人，要培养具有道德品质和社会意识的人，要培养具有一定职业素养的人

3. 论课程与教材

(1) 对传统课程的批判：旧课程和教材的两个弊端，一是学校中分门别类的学科割裂了儿童的世界，使他们对世界的认识失去应有的全面性而流于片面；二是社会精神匮乏。杜威要求教材不能只从本身出发，而应与社会生活相联系

(2) 从做中学：以其经验论为基础，杜威要求从做中学、从经验中学，以活动性、经验性的主动作业来取代传统书本式教材的统治地位

(3) 教材心理化：指把各门学科的教材或知识各部分恢复到它被抽象出来之前的原来的经验，就是把间接经验转化为直接经验，之后再把直接经验组织化

第三部分 外国教育史

第七章 欧美教育思想的发展（十一）

（十）杜威的教育思想 ★★★

4. 论思维与教学方法

（1）反省思维：指对某个经验情境中的问题进行<u>反复的、严肃的、持续不断的</u>思考，其功能在于求得一个新情境，从而解决困难、排除疑虑、解答问题

（2）五步教学法
- ① <u>创设疑难的情境</u>，即真实的情境，要有一个对活动本身感兴趣的连续活动
- ② <u>确定疑难所在</u>，即在这个情境内部产生一个真实的问题，作为思维的刺激物
- ③ <u>提出问题的种种假设</u>，即要占有知识资料，从事必要的观察，对付这个问题
- ④ <u>推断哪种假设能解决这个困难</u>，必须有条不紊地展开他所想出的解决问题的方法
- ⑤ <u>验证这种假设</u>，通过应用检验他的观念，使这个观念意义明确，并且让他自己发现它们是否有效

5. 论道德教育

（1）个人与社会：道德教育的<u>主要任务</u>是<u>协调个人与社会的关系</u>。他提倡与人合作的新个人主义：①强调人与人之间的合作而不是无情的竞争；②重视理智的作用

（2）道德教育的途径和方法
- ① <u>社会方面</u>：指道德教育应有社会性的情境、内容和目的
- ② <u>心理方面</u>：指道德教育若要取得成效，必须建立在学生本能冲动和道德认识、道德情感的基础上
- ③ 杜威要求<u>学校生活、教材、教法皆应渗透社会精神</u>，视其为"学校道德之三位一体"，这三者是道德教育的重要途径

6. 杜威教育思想的影响

（1）优点
- ① 突破传统教育的弊端，突破了内发论和外铄论，将教育看作人与环境的交互过程中经验的观点具有很高的创新性
- ② 奠定了儿童中心论，解决了教育与儿童相脱离的问题
- ③ 提出了做中学的新方法，拓宽了教学形式和方法，提高了教学专业化水平；对现代教育产生了广泛而深远的影响

（2）局限性
- ① 过于强调儿童中心、活动中心、经验中心，使得其在教育实践中忽视了系统知识的传授，引发了自由与纪律、教师与学生等矛盾
- ② 根据经验和教材心理化原则编写教材的设想过于理想，这也是现代教育发展和改革过程中的难点

第七章 欧美教育思想的发展（十二）

（十一）现代欧美教育思潮 ★★★

1. 改造主义教育（布拉梅尔德）
（1）教育应当以改造社会为目标
（2）教育应当重视培养"社会一致"的精神
（3）强调行为科学对教育工作的指导意义
（4）课程教学应当以社会问题为中心
（5）教师的主要职责是劝说教育

2. 要素主义教育（巴格莱、科南特）
（1）学校课程的核心是人类文化遗产的共同要素
（2）教学过程必须是一个严格训练智慧的过程
（3）学生在学习上必须刻苦专心
（4）教师应该是整个教育过程的权威人物

3. 永恒主义教育（赫钦斯、艾德勒）
（1）教育性质是永恒不变的，理性是人性中共同的、最主要的、永恒不变的特性
（2）教育的主要目的是培养永恒的理性
（3）永恒的古典学科应该在学校课程中占中心地位
（4）学生通过教师的教学进行学习

4. 新行为主义教育（托尔曼、赫尔、斯金纳和加涅）
（1）教育和教学就是塑造人的行为
（2）学生的学习行为可以运用教学机器来强化
（3）确立程序教学理论，其基本原则是：积极反应、小步子、及时强化、自定步调
（4）教育研究应该以教和学的行为作为研究的对象

5. 结构主义教育（皮亚杰、布鲁纳）
（1）教育和教学应重视学生的智能发展
（2）注重掌握各门学科的基本结构
（3）主张学科基础的早期学习
（4）倡导发现法和发现学习
（5）教师是结构教学的主要辅助者

6. 终身教育思潮（保罗·朗格朗）
（1）缘由：使人在各方面做好准备，应对新的挑战
（2）含义：包括教育的各个方面、各项内容，从一个人出生到生命终结，不间断的发展，包括一切正规教育和非正规教育以及非正式教育，也包括在教育发展过程中的各个阶段之间的内在联系
（3）目标：实现更美好的生活，具体目标是培养新人和实现教育民主化

7. 现代人文主义教育思潮（马斯洛、罗杰斯、弗洛姆）
（1）教育的目的是培养自我实现的人，即"完整的人"
（2）主张构建人本课程，即"课程人本化"
（3）强调学校应该创设自由学习和发展的氛围

第七章 欧美教育思想的发展（十三）

（十二）苏联教育思想 ★★★

1. 马卡连柯的教育思想

（1）目的：学校的任务是要 为社会培养高质量的人才。教育的目的是把青年一代培养成为真正有教养的苏维埃人、劳动者

（2）方法：强调统一与个性的综合。教师要注意防止两种倾向：①抹杀个性的特点；②消极地跟随个体

（3）集体主义教育：创立了在集体中、通过集体、为了集体进行教育的思想和方法。原则：①平行教育影响；②前景教育；③优良的作风与传统；④尊重与要求相结合

（4）纪律教育：纪律教育与集体主义教育紧密联系。纪律是达到集体目的的最好方式，也是良好教育集体的外部表现形式

（5）劳动教育：人的劳动品质的教育，也是公民将来提高生活水平及使其幸福的教育。主张按照教育原则组织把劳动教育作为教育过程总的体系的一部分，使儿童在智力、体力、劳动技能和精神、道德上都得到良好发展

（6）家庭教育：基本条件是建立一个"完整和团结一致"的家庭集体。在方法上要注意掌握尺度和分寸，要遵循"中庸之道"；同时重视父母自身行为在家庭教育中的作用

2. 凯洛夫的教育学体系

（1）关于教学过程本质的论述

- 内涵：教学是教育的 基本途径
- 教学过程的 基本特点：
  - ①通过教学使学生接受前人已经获得的真理（知识）
  - ②学生是在有经验的教师领导下获得对现实事物的认识的
  - ③要有巩固知识的工作
  - ④有计划地实现发展儿童智力、道德和体力的工作
- 教学的 基本环节：
  - ①使学生感知具体事物并在此基础上形成学生的表象
  - ②分清事物间异同、主次等各种关系
  - ③形成概念，认识定理、规律、主导思想、规范等
  - ④使学生牢固地掌握事实和概括性的工作
  - ⑤技能和熟练技巧的养成和加强
  - ⑥在实践中检验和运用知识

（2）论教学的原则：①直观性；②自觉性与积极性；③巩固性；④系统性与连贯性；⑤通俗性与可接受性

（3）论教养和教学的内容：具体表现在 教学计划、教学大纲 和 教科书 中

（4）论教学工作的组织形式与方法：《教育学》评述了 班级授课制度 的产生与发展，肯定了它是教学工作的基本组织形式

（5）论道德教育
- ①任务：培养苏维埃爱国主义精神、社会主义的人道主义精神、集体主义精神、对劳动和社会公共财产的社会主义态度、自觉纪律以及布尔什维克的意志与性格特征
- ②原则：使德育过程渗透共产主义的目的性和思想性、适应儿童的发展水平、连续性、对学生的严格要求和尊重学生人格相结合、长善救失、在集体中通过集体进行教育等原则
- ③途径与方法：强调教学，包括说服法、练习法、儿童集体组织法、奖惩法

第七章 欧美教育思想的发展（十四）

（十二）苏联教育思想 ★★

3. 赞科夫的教学理论

（1）发展性教学理论：教学的核心是<u>要使学生的一般发展取得成效</u>。一般发展包括智力、身体、意志、情感、道德品质、个性特点和集体主义精神的发展

（2）<u>五项教学论体系的新原则</u>：
　①以高难度进行教学
　②以高速度进行教学
　③理论知识起主导作用
　④使学生理解学习过程
　⑤使班上所有的学生都得到一般发展原则

4. 苏霍姆林斯基的教育理论

（1）个性全面和谐发展的含义：为培养全面和谐发展的人，必须深入改善整个教育活动，实施和谐教育，即把人认识和理解客观世界与人的自我表现这两种职能配合起来，使两者达到平衡

（2）个性全面和谐发展的原则：苏霍姆林斯基认为应从德、智、体、美、劳各方面相互渗透整体进行和谐教育。具体原则包括：① 全面与和谐不可分割；② 多方面教育的相互配合；③ 个性发展与社会需要相适应；④ 学生自由；⑤ 尊重儿童，重视自我教育

第四部分 教育心理学

1903年，美国心理学家桑代克出版了《教育心理学》，标志着教育心理学的诞生。这本书是西方第一本以教育心理学命名的专著。

第四部分 教育心理学

第一章 教育心理学概述

（一）概念

1. 教育心理学：心理学的分支学科，是研究教育、教学情境中人的各种心理活动及其发展变化、有效促进的机制和规律的科学

2. 研究对象
   - （1）研究师生心理活动的一般机制和规律
   - （2）研究指导教与学、促进学生健康发展的特殊心理机制及规律

3. 研究任务
   - （1）理论探索：研究、揭示教育系统中学生学习的性质、特点、类型及各种学习的过程和条件
   - （2）实践指导：研究运用学生的学习及其规律去设计教育、改革教育体制、优化教育系统

4. 教育心理学与教师：相互依存的关系，一方面教师通过学习运用教育心理学知识指导教学实践；另一方面教师在实践中遇到的新问题会拓宽教育心理学的研究范围

（二）发展

1. 起源
   - （1）背景
     - ① 社会背景：西方工业革命对教育的期待；城市化进程与教育发展；移民带来的教育问题
     - ② 心理学背景：19世纪后半期心理学作为一门独立的学科从哲学中脱离，为教育心理学的产生提供了可能
     - ③ 哲学背景：教育心理学是从哲学中独立出来的，对教育心理学影响大的哲学流派包括经验主义、理性主义、实证主义和实用主义
     - ④ 科学背景：进化论的提出对教育心理学的研究产生了深刻影响
   - （2）标志
     - ① 催产士：詹姆斯在《给教师的谈话》一书中提倡用心理学的原理改善教学方法；杜威提倡教育心理化，致力于心理学与教育学的结合
     - ② 创立：桑代克是科学教育心理学的鼻祖，1903年出版的《教育心理学》标志着教育心理学的诞生

2. 发展过程
   - （1）初创时期（20世纪20年代以前）：学科体系不完整、不系统，其内容主要建立在对普通心理学资料的印证的基础上
   - （2）发展时期（20世纪20年代至50年代末）：行为主义学习理论占据主导地位，以杜威的实用主义为基础的"做中学"思想和维果茨基的理论为代表
   - （3）成熟时期（20世纪60年代到70年代末）：教育心理学作为一门具有独立理论体系的学科正式形成。主要代表人物有布鲁纳、罗杰斯等
   - （4）深化拓展时期（20世纪80年代以后）：体系越来越完善，研究愈发深入，视角愈发综合，建构主义对教育心理学研究和实践产生深刻影响

3. 发展趋势
   - （1）在研究取向上，从行为范式、认知范式向情境范式转变
   - （2）在研究内容上，强调教与学并重，认知与非认知并举，传统领域与新领域互补
   - （3）在研究思路上，强调认知观和人本观的统一，分析观和整体观的结合
   - （4）在学科体系上，从庞杂、零散逐渐转向系统、整合、完善
   - （5）在研究方法上，注重分析与综合、量性与质性、现代化与生态化、人文精神与科学精神的结合

第二章 心理发展与教育（一）

（一）心理发展及其规律 ★

1. 心理发展：个体从胚胎期经由出生、成熟、衰老一直到死亡的整个生命过程中所发生的持续而稳定的内在心理变化过程，包括认知发展和人格发展两大方面

2. 认知发展的一般规律
- （1）认知：是个体获得知识、运用知识、加工信息的过程
- （2）规律
  - ① 认知活动从简单、具体向复杂、抽象发展
  - ② 认知活动从无意向有意发展
  - ③ 认知活动从笼统向分化发展
  - ④ 认知活动具有顺序性、阶段性、差异性、连续性等特征

3. 人格发展的一般规律
- （1）人格发展：是个体自出生经成年到老年的整个生命过程中人格特征或个性心理形成、发展和表现的过程
- （2）规律
  - ① 连续性和阶段性并存
  - ② 发展具有定向性和顺序性
  - ③ 发展表现出不平衡性
  - ④ 发展具有共同性和差异性

4. 社会性发展的一般规律
- （1）社会性发展：指个体由自然人发展为社会人的社会化过程
- （2）规律
  - ① 总体上，个体从生物人发展成文化人，由自然人发展为社会人
  - ② 自我意识上，个体从无意识发展到有意识，再发展到可控制的自我意识
  - ③ 情绪情感上，个体从习得外在情绪发展到情绪情感的社会成分不断增多，再发展到表达和控制自己的情绪情感
  - ④ 社会行为上，个体从模仿性的行为发展到自主自动的社会行为
  - ⑤ 社会道德上，个体从无律到他律，再发展到自律的道德行为

5. 心理发展与教育的关系
- ① 心理发展是有效教育的背景和前提
- ② 有效的教育能促进个体心理的发展

第二章 心理发展与教育（二）

（二）认知发展理论与教育 ★★★

1. 皮亚杰的认知发展阶段理论

（1）实质：认知（或智力）的实质是**适应**，即儿童的认知是在已有图式的基础上，通过同化、顺应和平衡等机制，不断从低级向高级发展

① **图式**：儿童用来适应环境的**认知结构**

② **同化**：儿童把新刺激物**纳入已有图式中**的认知过程。同化是图式发生**量变**的过程，不能引起图式质变，但影响图式**生长**

③ **顺应**：儿童通过**改变已有图式（或形成新图式）**来适应新刺激的认知过程；是图式发生**质变**的过程

④ **平衡**：同化和顺应之间的**均衡**

（2）影响因素：① **成熟**；② **练习与习得经验**；③ **社会经验**；④ **平衡化**

（3）阶段

① **感知运动**阶段（0~2岁）：通过探索感知觉与运动之间的关系获得动作经验，语言和表象尚未产生。标志有**客体永久性**和**合乎逻辑的目标定向行为**

② **前运算**阶段（2~7岁）：有了**符号功能**，标志有**泛灵论、自我中心、集体的独白、思维不可逆性及刻板性、尚未获得物体守恒的概念、集中化**

③ **具体运算**阶段（7~11岁）：出现显著的认知发展，标志有**守恒性、可逆性、去集中化、刻板地遵守规则、逻辑思维和群集运算**

④ **形式运算**阶段（11岁以后）：又称**命题运算阶段**，思维超越了对具体的可感知事物的依赖；标志有**抽象思维获得发展、青春期自我中心**

（4）与教学的关系：① 提供活动机会；② 创设最佳的难度；③ 关注儿童的思维过程；④ 认识儿童认知发展水平的有限性；⑤ 让儿童多参与社会活动

2. 维果茨基的文化历史发展理论

（1）主要观点

① 两种心理机能：一是作为动物进化结果的**低级心理机能**；二是作为历史发展结果的**高级心理机能**，以符号系统为中介

② 两种工具理论：一是**物质生产工具**，指向外部，引起客体变化；二是**精神生产工具**，指向内部，影响人的心理结构和行为

（2）心理发展的实质：个体的心理从出生到成年，在教育与环境的影响下，在低级心理机能的基础上，逐渐向高级心理机能转化的过程

具体表现为：① **随意机能的不断发展**；② **抽象—概括机能的提高**；③ **高级心理结构的形成**；④ **心理活动个性化**

（3）认知发展与教学的关系

① 教学：广义是指儿童通过**活动**和**交往**掌握精神生产的手段；狭义是指**有目的、有计划**进行的一种交际形式，"创造"着学生心理的发展

② 最近发展区：**现有发展水平**与**潜在发展水平**之间的差距

③ 教学应该走在发展的前面：一是因为教学**决定**儿童发展的内容、水平和速度等；二是教学**创造**着最近发展区

④ 认知发展的"内化"学说：内化是指个体将**社会环境**中吸收的知识转化到**心理结构**中的过程

⑤ 学习存在最佳期：教学最佳期随着最近发展区的动态发展而不断变化

3. 认知发展理论的教育启示

（1）教育目标应该是提高学生的认知能力

（2）教学内容应适应学生的认知发展水平

（3）教学在学生"最近发展区"开展最有效

（4）教学应充分发挥学生的主动性和能动性

第四部分 教育心理学

第二章 心理发展与教育（三）

（三）人格发展理论与教育 ★★

1. 埃里克森的心理社会发展理论

（1）心理社会发展：人格发展是人在社会背景下经历一系列阶段的过程，每个阶段都有特定的危机和任务，危机的解决标志着前一阶段向后一阶段的转化

（2）发展阶段
- ① 信任对怀疑（0~1.5岁）：主要任务是建立起对周围世界的基本信任感
- ② 自主对羞怯（1.5~3岁）：儿童开始表现出自我控制的需要和倾向，渴望自主做一些事情，发展顺利会形成自信心
- ③ 主动感对内疚感（3~6岁）：儿童开始追求出于自我利益和动机的活动，成年人过多干涉可能造成儿童缺乏主动性
- ④ 勤奋感对自卑感（6~12岁）：儿童开始进入学校学习，体会到持之以恒的能力与成功之间的关系，形成一种成功感
- ⑤ 角色同一性对角色混乱（12~18岁）：儿童开始体验自我概念问题的困扰，如顺利解决使其所想所做与角色概念相符则获得较好的角色同一性
- ⑥ 友爱亲密对孤独（18~30岁）：主要任务是发展亲密感以避免孤独感
- ⑦ 繁殖对停滞（30~60岁）：面临抚养下一代的任务，发展顺利的表现为家庭美满，有创造力
- ⑧ 完美无憾对悲观绝望（60岁以后）：如果个体在前几阶段发展顺利，则可获得自我完满感

2. 科尔伯格的道德发展阶段理论

（1）道德发展的实质：指个体随着年龄的增长，逐渐掌握是非判断标准及按照该标准表现道德行为的过程

（2）道德发展阶段理论

科尔伯格开创了道德两难故事法，提出三水平六阶段的道德发展阶段论

- ① 前习俗水平（0~9岁）：幼儿园及小学低中年级阶段。特征是儿童遵守规范，但尚未形成自己的主见，着眼于人物行为的具体结果，关心自身的利与害
  - 阶段1：惩罚和服从的定向阶段
  - 阶段2：工具性的相对主义定向阶段

- ② 习俗水平（9~15岁）：小学中年级以上直到成年。特征是个体逐渐认识到团体的行为规范，进而接受并付诸实践
  - 阶段1：人际协调的定向阶段
  - 阶段2：维护权威或秩序的定向阶段

- ③ 后习俗水平（15岁以后）：青年期人格成熟的人。该阶段已经发展到超越现实道德规范的约束，达到完全自律的境界
  - 阶段1：社会契约定向阶段
  - 阶段2：普遍道德原则的定向阶段

3. 皮亚杰的道德认知发展阶段理论

（1）前道德阶段（无律阶段）：5岁之前，这一阶段的儿童既不是道德的，也不是非道德的

（2）他律道德阶段：5~8岁，道德认识一般是服从外部规则，接受权威指定的规范，根据行为后果判断对错

（3）自律道德阶段：9~11岁，不再无条件服从权威，儿童的判断还不成熟，要到十一二岁才能独立判断

4. 人格发展理论的教育意义

（1）埃里克森心理社会发展理论
- ① 帮助学生适应勤奋和自卑危机
- ② 帮助学生适应同一性和角色混乱危机

（2）科尔伯格道德发展阶段理论
- ① 教师对儿童道德思维和行为水平的预期应符合儿童的年龄
- ② 组织学生讨论道德两难问题，以帮助学生发展道德推理
- ③ 教师应该注意文化和性别对道德推理的影响

（3）皮亚杰道德发展阶段理论
- ① 充分发挥儿童自主性、能动性，促进其道德观念发展和道德水平的提高
- ② 强调集体和同伴对儿童道德发展的意义

第二章 心理发展与教育（四）

（四）社会性发展与教育 ★

1. 亲社会行为

（1）含义：亲社会行为指**有益**于他人和社会的行为

（2）埃森伯格的亲社会行为发展阶段
- ① **享乐主义、自我关注取向**：学前儿童及低年级学生。特征是关心自己，对自己有利的情况下可能帮助他人
- ② **他人需求取向**：小学生及正要步入青春期的少年。特征是助人的决定是以他人的需求为基础，不会产生同情
- ③ **赞许和人际关系取向**：小学生及一些中学生。特征是关心别人是否会认为自己的利他行为是好的、值得称赞的
- ④ **自我投射的、移情的取向**：小学高年级及中学生。特征是出于同情帮助他人，设身处地为他人着想
- ⑤ **内化的法律、规范和价值观取向**：少数中学生。特征是是否助人以内化的价值、规范和责任为基础，违反个人内化的原因将会损伤自尊

（3）影响因素
- ① **移情**：体验他人情绪情感的能力
- ② **文化**：对于利他行为的认可和鼓励存在着明显的文化差异
- ③ **榜样**：成人是影响儿童亲社会行为形成的主要榜样

（4）习得途径
- ① **移情反应的条件化**：一种旨在提高儿童移情能力的训练方法
- ② 直接训练：指教师利用学习和游戏等活动在实践中培养儿童亲社会行为
- ③ 观察学习：对亲社会行为影响最大的是社会榜样

2. 攻击行为及其改变方法

（1）攻击行为：是一种经常**有意地伤害**和**挑衅他人**的行为

（2）产生原因：① **遗传因素**；② **家庭因素**；③ **环境因素**

（3）分类
- ① 按攻击行为表现形式分为 **身体攻击**、**言语攻击** 和 **间接攻击**
- ② 按攻击行为起因分为 **主动性攻击** 和 **反应性攻击**
- ③ 按攻击行为目的分为 **敌意性攻击** 和 **工具性攻击**

（4）改变方法：① 消退法；② 暂时隔离法；③ 榜样示范法；④ 角色扮演法

3. 同伴关系的发展及培养

（1）同伴关系及其作用
- 内涵：同伴关系指个体交往过程中建立和发展起来的个体之间的，特别是**同龄人之间**的人际关系
- 作用：
  - ① 有利于个体社会价值的获得、社会能力的培养及健康的人格发展
  - ② 同伴可以满足个体归属与爱的需要和尊重需要
  - ③ 为个体提供学习他人反应的机会
  - ④ 同伴是为个体提供情感支持的来源

（2）塞尔曼的儿童友谊发展的阶段
- ① 阶段1：**尚不稳定的友谊**（3~7岁）。儿童之间的关系还不能称为友谊，只是短暂的游戏同伴关系
- ② 阶段2：**单向帮助关系**（4~9岁）。要求朋友能够服从自己的愿望和要求，顺从自己的就是朋友
- ③ 阶段3：**双向帮助关系**（6~12岁）。能相互帮助，但不能共患难。对友谊的交互性有一定的了解，但带有明显的功利性
- ④ 阶段4：**亲密的共享**（9~15岁）。有了朋友概念，认为朋友之间应该相互信任和忠诚，同甘共苦
- ⑤ 阶段5：**友谊发展成熟**（12岁以后）。选择朋友更加严格，所以一旦建立起来的朋友关系持续时间都较长

（3）良好同伴关系的培养：① 开设相关课程，进行交往技能训练；② 丰富课堂教学交往活动；③ 组织丰富多彩的交往实践活动；④ 培养学生的亲社会能力

第四部分 教育心理学

第二章 心理发展与教育（五）

（五）心理发展的差异性与教育 ★

1. 认知差异与教育

（1）认知水平的差异：主要表现为智力水平的差异，而智力水平的差异表现为智力发展水平的差异和智力发展速度的差异

认知类型又称认知风格，是人在信息加工的过程中偏好的相对稳定的态度和方式

（2）认知类型的差异：
- ① 知觉类型的差异
  - 根据知觉受外界环境影响的程度，知觉可以分为场依存型和场独立型
  - 根据知觉时分析和综合所占的比重，知觉可以分为分析型、综合型、分析—综合型
- ② 记忆类型的差异：根据记忆过程中的知觉偏好，记忆可分为视觉型、听觉型、动觉型、混合型
- ③ 思维类型的差异
  - 根据思维的概括性，思维可以分为艺术型、思维型和中间型
  - 根据学习策略的差异，思维可以分为整体型和序列型
- ④ 认知反应类型的差异：根据认知反应和情绪反应的速度，认知反应可分为冲动型和慎思型

（3）针对认知差异的教育：
- ① 针对认知水平差异：按能力分组；设置不同的教育目标；选择不同的教育方式
- ② 针对认知类型差异：帮助学生识别认知类型，针对不同学习任务调整学习；明确匹配策略和失配策略两类教学策略；调整教学风格，多模式教学

2. 人格差异与教育

人格差异又称个性差异，指个人在稳定的心理特征方面的差异

（1）性格差异：
- ① 根据心理活动的倾向，性格可以分为内向型和外向型
- ② 根据个人独立性的程度，性格可分为独立型和顺从型

（2）气质差异：
- ① 多血质：热情大方，思维活跃，适应环境能力强；但注意力易分散，做事轻率不踏实
- ② 胆汁质：精力充沛，直爽热情，情绪产生快而强；但常常缺乏耐心
- ③ 抑郁质：情绪发生慢而强，反应速度慢，不善交往，多愁善感；但情感细腻，观察细致，考虑问题比较周到，善于忍耐
- ④ 黏液质：安静稳重，交际适度，适于细心程序化的学习；但可塑性差，死板，缺乏生气

（3）针对人格差异的教育：
- ① 性格差异：根据性格类型因材施教；发挥集体的作用；引导学生通过自我教育和自我调节将外在教育影响转化为内在品质
- ② 气质差异：根据气质类型因材施教

3. 性别差异与教育

（1）智力的性别差异：
- ① 总体水平平衡，男性智力分布的离散程度大于女性
- ② 在智力结构上表现出不平衡性
- ③ 男女智力差异发展变化具有年龄倾向
- ④ 受遗传、环境和教育等因素的影响

（2）人格和行为上的性别差异：
- ① 性格特征：中学阶段表现出性格差异
- ② 学习兴趣：男生数学、物理等兴趣超过女生，语文、外语等兴趣低于女生
- ③ 学习动机：不同阶段的男女在成就性动机、认知性动机、附属动机等动机水平上都会表现出差异
- ④ 学习归因：女生更容易把失败归因为自己内部因素；男生更多地归结为外部环境的因素

（3）针对性别差异的教育：①改变不同性别学生的性格局限，培养积极兴趣，提高多种能力；②改变传统观念，对男女学生一视同仁

第三章 学习及其理论

（一）学习概述 ★

1. 实质：学习是个体在特定情境下由于练习或反复经验而产生的行为或行为潜能的较持久的变化
- （1）表现为行为或行为潜能的变化
- （2）所引起的行为或行为潜能的变化是相对持久的
- （3）由反复经验引起
- （4）是一个行为变化的过程，不仅仅是一个行为变化的结果

2. 种类
- （1）学习主体
  - ① 参与学习的主体：动物学习、人类学习、机器学习
  - ② 主体的活动状况：接受学习、发现学习
- （2）学习水平（加涅8类学习）：信号学习、刺激—反应学习、连锁学习、言语联想学习、辨别学习、概念学习、规则的学习、解决问题的学习
- （3）学习结果（加涅）：言语信息的学习、智力技能的学习、认知策略的学习、态度的学习、动作技能的学习
- （4）学习性质（奥苏伯尔）：有意义学习、机械学习

3. 学生学习的特点：① 接受学习是学习的主要形式；② 学习过程是主动构建过程；③ 学习内容的间接性；④ 学习的连续性；⑤ 学习目标的全面性；⑥ 学习过程的互动性

（二）行为主义的学习理论 ★★

1. 桑代克的联结说学习理论

桑代克是第一个系统论述教育心理学的心理学家，被誉为现代教育心理学的奠基人，创立了学习的联结—试误说，最著名的实验是饿猫打开迷笼（猫开迷箱）实验

- （1）联结主义
  - ① 学习的实质在于形成一定的联结（学习即联结），是指某情境仅能唤起某种反应而不能唤起其他反应的倾向
  - ② 三大学习律：准备律、练习律、效果律
- （2）对教育的启示：① 使用具体奖励；通过大量的重复、练习和操练来训练学生；② 在尝试与错误的过程中获得学习；③ 使学生获得自我满意的积极结果；加强合理的练习，并在学习结束后及时进行练习；在有准备的状态下进行学习

2. 巴甫洛夫的经典性条件反射说

巴甫洛夫最早提出经典条件作用，即用一个新刺激替代另一个刺激与一个自发生理或情绪反应建立联系，最著名的实验是狗分泌唾液实验

经典条件反射的原理：① 习得、强化、消退；② 泛化；③ 分化；④ 高级条件作用；⑤ 第一信号系统和第二信号系统

3. 斯金纳的操作性条件反射说

实验：创设了斯金纳箱，提出了操作性条件反射理论

- （1）操作性条件反射的原理：① 强化：正强化（积极强化）、负强化（消极强化）；② 逃避条件作用与回避条件作用；③ 惩罚与消退；④ 程序教学与行为矫正；⑤ 连续渐进法与塑造
- （2）对教育的启示：多用正强化的手段来塑造学生的积极行为，用不予以强化的方法来消除消极行为，并慎重对待惩罚

4. 班杜拉的观察学习理论及其教育应用

班杜拉是社会学习理论、社会认知理论的奠基人，著名的实验是赏罚控制实验

- （1）观察学习论
  - ① 学习的形式：直接学习和间接学习，观察学习是一种间接的学习形式，大多数人的行为通过观察而习得
  - ② 观察学习的过程：注意过程、保持过程、动作再现过程、动机过程
- （2）社会认知论：儿童通过观察生活中重要人物的行为而习得社会行为，这些观察以心理表象或其他符号表征的形式存储在大脑中，帮助他们模仿行为
- （3）交互作用论：个人、环境和行为相互影响、彼此联系，形成相互作用的系统，共同决定行为。三者影响力的大小取决于当时的环境和行为的性质
- （4）对教育的启示：① 通过观察学习，学生可以获得基本的技能；② 监控学生习得行为的表现

第三章 学习及其理论

（三）认知派的学习理论 ★★★

1. 布鲁纳的认知—发现说

布鲁纳是美国著名的认知教育心理学家，主张学习的目的在于以 发现学习的方式，使学科的基本结构转变为学生头脑中的认知结构

（1）认知学习观：①学习的 实质是主动形成认知结构；②学习包括 获得、转化 和 评价 三个过程

（2）结构教学观：
- ① 强调学习的主动性和认知结构的重要性，认为教学的目的在于理解学科的基本结构，即 基本概念、基本原理和基本方法
- ② 教学原则：动机原则、结构原则、程序原则和强化原则

（3）发现学习：
- ① 概念：在学习情境中，经过自己探索寻找，从而获得问题答案的一种学习方式
- ② 四个阶段：提出问题、做出假设、验证假设、形成结论
- ③ 作用：提高智力的潜力；使外部奖赏向内部动机转移；学会将来进行发现的最优方法和策略；帮助信息的保持和检索

2. 奥苏泊尔的有意义接受说

（1）有意义学习的实质和条件：
- ① 实质：符号代表的新知识与学习者认知结构中已有的适当观念建立起 非任意的 和 实质性的联系
- ② 条件：
  - 外部条件：有意义学习材料具有逻辑意义，即材料本身在人的学习能力范围内且与有关观念能够建立非任意的和实质性的联系
  - 内部条件：学习者具有有意义学习的心向；学习者 认知结构中必须具有适当知识；学习者必须积极主动地 使潜在意义的新知识与原有知识发生相互作用，使新知识获得实际意义，即心理意义

（2）认知同化理论：
- ① 有意义学习是通过新信息与学生认知结构中已有的有关观念相互作用而发生的，这种相互作用导致了新旧知识有意义的同化
- ② 根据 新旧观念的概括水平及其联系方式 的不同，认知同化过程可以分为：下位学习、上位学习、组合学习

（3）先行组织者策略：主要功能是在学生接受学习新内容之前，在新旧知识之间架起一座桥梁，为新知识提供认知框架或固着点；要遵循：① 逐渐分化原则；② 整合协调原则；③ 先行组织者

（4）接受学习的界定与评价：
- ① 概念：是一种由教师引导学生接受事物意义的学习，也称为讲授学习
- ② 特点：师生之间有大量互动；大量利用例证；它是演绎的，由一般的概念引出特殊的概念；它是有序列的，材料的呈现有一定步子
- ③ 评价：是学习者掌握间接经验的主要途径，可以帮助学生获得大量的、系统的知识，便于储存和巩固知识

3. 加涅的信息加工学习理论

（1）学习的信息加工模式：①信息的三级加工（信息流）；②期望事项和执行控制（控制结构）

（2）学习阶段及教学设计：动机阶段、领会阶段、习得阶段、保持阶段、回忆阶段、概括阶段、作业阶段、反馈阶段

第三章 学习及其理论（三）

（四）人本主义的学习理论 ★

1. 罗杰斯的自由学习观
- （1）学习类型：认知学习和经验学习
- （2）学习方式：有意义学习和无意义学习
- （3）有意义学习的四个要素：全神贯注、自动自发、全面发展、自我评估
- （4）自由学习观：认为教师的任务是为学生提供各种学习的资源和促进学习的气氛，让学生自己决定如何学习

2. 学生中心的教学观
- ① 促进学习的心理气氛因素：真诚一致、无条件积极关注、同理心
- ② 教育的目标：培养能够适应各种变化和知道如何学习的人
- ③ "以学生为中心"教学模式的基本特征：教学过程无固定结构、教学无固定内容、教师不做任何指导。这种模式又称为"非指导性教学"

3. 应用
- （1）在教育目标上，强调发展人性，注重创造潜能的启发，引导认知与经验的结合，注重人的理性与情感的均衡发展，使学生肯定自己，并促进自我实现
- （2）在教育方法上，重视自由创造、经验学习、主动探索与角色扮演
- （3）在课程设计上，注重师生共同设计、问题解决并从行动中加以学习
- （4）在教学思想和实践上，主张以自我发展为导向，适应学生的需要，帮助学生发展

第三章 学习及其理论（四）

（五）建构主义学习理论 ★★

1. 思想渊源与理论取向

（1）思想渊源：皮亚杰的认知、同化和顺应的双向建构过程、布鲁纳的发现学习观点和认知图式理论以及维果茨基等人的理论都起到极大作用

（2）理论取向
- ① 激进建构主义：以皮亚杰思想为基础，以冯·格拉塞斯菲尔德和斯泰费为代表
- ② 信息加工建构主义：以斯皮罗等人的认知灵活性理论为代表
- ③ 社会建构主义：以维果茨基的理论为基础，以鲍尔斯菲尔德和科布为代表
- ④ 社会文化取向：把学习看成建构过程，关注学习的社会方面

2. 基本观点

（1）知识观：知识相对论

建构主义者质疑知识的客观性和确定性，强调知识的动态性
- ① 在知识的意义上：知识不是对现实的准确表征，只是一种解释、一种假设，会随着人类的进步而不断被"革命"
- ② 在知识的应用上：知识不能精确概括世界法则，需要针对具体情境进行再创造
- ③ 在知识的学习上：知识不可能以实体形式存在于具体个体之外，需要依据个体的经验背景，并取决于特定情境下的学习历程

（2）学生观：意义的生成与建构

学生总是以自己的经验背景或经验来建构对事物的理解
- ① 完全否定心灵白板说，强调学生经验世界的丰富性和差异性
- ② 当问题呈现时，学生基于相关的经验，依靠推理和判断能力，形成对问题的解释
- ③ 教学不能无视学生的先前经验，要引导儿童从原有的知识经验中"生长"出新的知识经验
- ④ 教学要增进学生之间的合作，使学生看到不同的观点，促进学习的进行

（3）学习观

学习是学习者主动构建的内部心理表征的过程
- ① 学习过程：建构对新信息意义的理解；对原有知识经验的改组或重建
- ② 知识建构过程的特征：主动构建、社会互动性、情境性

（4）教学观：核心思想是让学生通过问题解决来学习，认为教学应该激活学生原有的相关知识经验，为学生创设理想的学习情境，促进学生的自主构建活动

3. 认知建构主义

以皮亚杰思想为基础，典型代表是维特罗克的生成学习理论和斯皮罗等人的认知灵活性理论
- （1）理论内容：学习是意义建构过程，通过新旧经验相互作用而形成、丰富和调整认知结构的过程
- （2）理论应用：①探究性学习；②随机通达教学

4. 社会建构主义

以维果茨基思想为基础，典型代表是文化内化与活动理论和情境认知与学习理论
- （1）学习是文化参与过程，学习者通过借助一定的文化支持参与某个学习共同体实践活动来内化有关知识，掌握有关工具
- （2）理论应用：①情境性教学；②分布式认知；③认知学徒制；④抛锚式教学；⑤支架式教学；⑥合作学习；⑦交互式学习

第四章 学习动机（一）

（一）学习动机概述 ★★

1. **内涵**：引起和维持个体进行学习活动，并使活动朝向一定的学习目标，以满足某种学习需要的一种内部心理状态

2. **分类**
   - （1）按学习动机的**动力来源**划分
     - ① 内部动机
     - ② 外部动机
   - （2）按奥苏伯尔根据动机**对学业成就的影响**划分
     - ① 认知内驱力
     - ② 自我提高内驱力
     - ③ 附属内驱力
   - （3）按学习动机的**社会意义**划分
     - ① 高尚的、正确的学习动机
     - ② 低级的、错误的学习动机
   - （4）按学习动机的**作用与学习活动的关系**划分
     - ① 近景的直接性学习动机
     - ② 远景的间接性学习动机
   - （5）按学习动机**起作用的范围**划分
     - ① 一般学习动机
     - ② 具体学习动机
   - （6）按学习动机的**作用的大小**划分
     - ① 主导性动机
     - ② 辅助性动机

3. **作用**
   - ① 引发作用
   - ② 定向作用
   - ③ 维持作用
   - ④ 调节作用

4. **耶克斯—多德森定律**：学习效率随学习动机强度的增加而提高，直至达到最佳水平，之后则随学习动机强度的进一步增加而下降

第四章 学习动机（二）

（二）学习动机的主要理论 ★★★

1. 强化理论
（1）个体之所以具有某种行为倾向，取决于先前这种行为和刺激之间因强化而建立的牢固联系；强化可以使人在学习过程中增强某种反应发生的可能性

（2）五种类型的强化可增强学习动机：社交强化物、活动强化物、象征性强化物、实物强化物、食物强化物

2. 需要层次理论
马斯洛是该理论提出者和代表人物，他认为所有行为都有意义，都有其特殊的目标，这种目标来源于我们的需要

（1）七种基本需要：① 生理需要；② 安全需要；③ 归属与爱的需要；④ 尊重的需要；⑤ 求知与理解的需要；⑥ 审美的需要；⑦ 自我实现的需要

（2）分类：① 基本需要（缺失需要），指前四种需要；② 成长需要，指后三种需要

3. 认知理论

（1）期望—价值理论（成就动机理论）：由阿特金森提出，他认为人们在追求成就时存在力求成功和避免失败两种倾向；力求成功者的目的是获取成功，倾向于选择难度适中的任务；避免失败者倾向于选择最易或最难的任务，即便失败也能找到借口以减少失败感

（2）成败归因理论
最早的归因理论由海德提出；罗特进行发展提出了控制点理论，分为外控型和内控型
① 成败归因的六个因素：能力高低、努力程度、任务难易、运气（机遇）好坏、身心状态、外界环境
② 归因的三个维度：稳定性、内在性、可控性
③ 不同归因的影响：无论成败，归因于努力比归因于能力会产生更强烈的情绪体验
④ 成败归因的影响因素：他人操作的有关信息；先前的观念或因果图式；自我知觉

（3）自我效能感理论
最早由班杜拉提出，指个体对自己能否成功进行某一成就行为的主观判断
① 理论观点：个体的行为不仅受强化的影响，而且受个体对强化的期望的影响
② 两种期望：结果期望、效能期望
③ 三种强化：直接强化、替代性强化、自我强化
④ 五个因素：直接经验、替代经验、言语说服、情绪唤起、身心状况

（4）自我价值理论
由科温顿提出，他认为自我价值感是个体追求成功的内在动力；自我价值理论将学生组合出4种类型，分别对应建立自我价值的4种动机倾向
① 高趋低避者，又称成功定向者或掌握定向者。该类学生拥有无穷的好奇心，对学习有极高的自我卷入
② 低趋高避者，又称避免失败者。该类学生有很多保护自己胜任感的策略，使用各种自我防御术，从外部寻找个人无法控制的原因来解释失败
③ 高趋高避者，又称过度努力者。该类学生一方面对自我能力的评价较高，另一方面这一评价又不稳定，极易受到失败经历的动摇
④ 低趋低避者，又称失败接受者。该类学生在面临学业挑战时表现出退缩，至少是被动反应

第四章 学习动机（三）

（三）学习动机的培养与激发 ★★

1. 影响学习动机的因素
- （1）内部因素：①需要与目标结构；②成熟与年龄特点；③性格特征与个别差异；④志向水平与价值观；⑤焦虑程度
- （2）外部因素：①家庭环境与社会舆论；②教师的榜样作用

2. 培养
- （1）成就动机的培养：训练过程通常分为 意识化、体验化、概念化、练习、迁移 及 内化 六个阶段
- （2）成败归因训练
  - ①了解学生的归因倾向
  - ②创设情境，让学生在活动中取得成败体验
  - ③让学生对自己的成败进行归因
  - ④引导学生进行积极归因
- （3）自我效能感的培养：包括 直接经验培训、间接经验培训、说服教育 三种方式

3. 激发
- （1）创设问题情境，实施 启发教学
- （2）根据作业难度，控制动机水平
- （3）利用反馈信息，给予 恰当评定
- （4）妥善 进行奖罚，维护内部动机
- （5）设置课堂环境，妥善处理竞争合作
- （6）进行 归因训练，促进继续努力
- （7）培养自我效能感，增强学生成功的自信心
- （8）维护 自我价值，警惕自我妨碍策略
- （9）维护内在需要，促进外部动机内化

第四部分 教育心理学

第五章 知识的学习（一）

（一）知识及知识获得的机制 ★★

1. 知识：指人对事物属性与联系的能动反映，通过人与客观事物相互作用形成的
2. 知识的表征：指知识在头脑中的表现形式和组织结构
3. 类型
   - （1）从信息加工的角度分
     - ① 陈述性知识：是关于"是什么"的知识，是对事实、定义、规则和原理等的描述
     - ② 程序性知识：是关于"怎么做"的知识，如怎样推理、决策等
   - （2）从知识是否容易传递的角度分
     - ① 显性知识：用书面文字、图表和数学表述的知识，又称言明的知识
     - ② 隐性知识：尚未表述的知识，是尚未言明或难以言传的知识
   - （3）从知识的不同反映深度分
     - ① 感性知识：是对事物的外表特征和外部联系的反映，分为感知和表象两种水平
     - ② 理性知识：反映事物本质属性及各属性间本质联系，有概念和命题两种
   - （4）从知识的不同抽象程度分
     - ① 具体知识：具体而有形的，可通过直接观察获得的信息
     - ② 抽象知识：不能通过直接观察，只能通过定义获取的知识
   - （5）从知识应用复杂多变程度分
     - ① 结构良好领域的知识：由明确事实、概念等构成的结构化知识
     - ② 结构不良领域的知识：有关知识被灵活应用的知识
   - （6）从知识反映事物的范围分
     - ① 一般知识：个体具有的对一类事物的普遍知识
     - ② 特殊知识：个体对具体或专门事物的知识
   - （7）布卢姆的分类
     - ① 具体知识：具体的、独立的信息，主要指具体指称物的符号
     - ② 方式方法知识：有关组织、研究、判断和批评的方式方法的知识
     - ③ 普遍原理知识：把各种现象和观念组织起来的主要体系和模式的知识
4. 获得机制
   - （1）陈述性知识：同化
   - （2）程序性知识：产生式

（二）知识的理解

1. 类型
   - （1）陈述性知识
     - ① 类型：符号；事实；知识群
     - ② 理解类型：表征学习；概念学习；命题学习
   - （2）程序性知识
     - ① 类型：智慧技能；动作技能；认知策略
     - ② 理解类型：模式识别学习；动作步骤学习
2. 过程
   - （1）西方
     - ① 三阶段论：生长阶段、重构阶段和协调阶段
     - ② 三水平论：塔尔文把知识的记忆分为情节记忆、语义记忆和程序性知识的记忆三种水平
   - （2）我国：冯忠良提出了知识掌握的领会、巩固、应用三阶段理论
3. 影响因素 ★
   - ① 知识材料本身的原因
   - ② 教师方面的原因
   - ③ 学生自身方面的原因

第四部分 教育心理学

第五章 知识的学习（二）

（三）知识的整合与应用 ★★★

1. 知识的整合

（1）记忆及其种类
- 记忆是通过对知识的识记、保持、再现等方式，在人的头脑中积累和保存个体经验的心理过程
- ①按记忆结构分：瞬时记忆（感觉记忆）、短时记忆（工作记忆）和长时记忆
- ②按长时记忆的不同角度分：程序性知识和陈述性知识的记忆、形象记忆和情绪记忆、情景记忆和语义记忆、表象系统和言语系统的记忆等

（2）遗忘的特点
- ①保持量的减少
- ②保持量的增加
- ③记忆内容变化

（3）遗忘原因的理论探讨
- ①记忆痕迹衰退说
- ②材料间的干扰说
- ③检索困难说
- ④知识同化说
- ⑤动机性遗忘说

（4）促进知识整合的措施
- ①提高加工水平
- ②多重编码
- ③联系记忆法
- ④过度学习与试图回忆相结合
- ⑤合理复习，包括及时复习和分散复习等

2. 应用与迁移（见下页）

第五章 知识的学习（三）

（三）知识的整合与应用 ★★★

1. 知识的整合（见上页）

2. 应用与迁移

（1）知识应用的形式

知识的应用指运用获得的知识解决同类或类似课题的过程

① 两种形式：课堂应用和实际应用

② 四个环节：审题、联想、课题类化和检验

（2）知识迁移的种类

知识迁移即学习迁移，指已经获得的知识、动作技能、情感和态度等与新的学习之间的相互影响

① 从迁移发生的领域，分为知识与技能的迁移、情感和态度的迁移

② 从迁移的方向，分为顺向迁移和逆向迁移

③ 从迁移的影响效果，分为正迁移、负迁移和零迁移

④ 从迁移的不同程度，分为自迁移、近迁移和远迁移

⑤ 从迁移发生的自动化水平，分为低通路迁移和高通路迁移

⑥ 从迁移的方式和范围，分为特殊迁移和非特殊迁移

⑦ 从迁移的不同抽象和概括水平，分为水平迁移和垂直迁移

（3）知识迁移的理论

① 形式训练说：迁移是无条件自动发生的，通过一定的训练，心智的各种官能可以得到发展，从而转移到其他学习上去

② 相同要素说：在原先的学习情境与新的学习情境有相同要素时才可能迁移。相同要素越多，迁移的程度越高，反之则越低

③ 概括化理论：该理论认为在经验中学到的原理原则是迁移发生的主要原因；对原理了解、概括得越好，对新情境中学习的迁移就越好

④ 奥斯古德的三维迁移模型：又称迁移逆向曲面模型，表明迁移与两个学习情境的刺激或学习材料的相似程度和反应的相似程度的关系

⑤ 关系理论：强调行为和经验的整体性，认为习得的经验能否迁移取决于能否理解要素间形成的整体关系，能否理解原理与实际事物之间的关系

⑥ 认知结构迁移理论：奥苏伯尔认为，学生积极主动地将新知识与认知结构中有关的旧知识发生相互作用，旧知识得到充实和改造，新知识获得了实际意义

（4）影响学习迁移的因素：① 相似性；② 原有认知结构；③ 学习定势

（5）促进知识应用与迁移的措施

陈述性知识的迁移
① 科学编排和呈现教材，促进学生形成良好的认知结构
② 重视基础知识的教学，提高学生的概括水平
③ 注意学习材料的共同性，促进学生知识的融会贯通

程序性知识的迁移
① 智慧技能方面：帮助学生形成条件化知识，掌握产生式规则；促进产生式知识的自动化，熟练解决问题；加强学生的言语表达训练，促使智慧活动内化
② 动作技能方面：帮助学生理解人物性质和学习情境；教师的示范与讲解要准确清晰；加强学生的练习与反馈

认知策略的迁移：① 培养学生树立正确的学习动机；② 丰富学生的知识背景；③ 根据学生的元认知水平进行策略训练；④ 制定一套外显的可以操作的训练技术；⑤ 变式与练习

第六章 技能的形成（一）

（一）技能及其作用 ★

1. 技能及其特点

（1）实质：通过练习形成的合乎规则或程序的躯体动作方式或认知活动方式的复杂系统，包括身体方面的技能和认知方面的技能，其本质是程序性知识的应用

（2）特点：
① 技能是由练习导致的
② 技能表现为身体或认知动作
③ 合乎规则或程序是技能形成的前提
④ 合乎规则的技能有五个基本特点：流畅性、迅速性、经济性、同时性和适应性

2. 类型

（1）操作技能（运动技能、动作技能）
① 概念：由一系列外部动作以合理程序组成的操作活动方式。包含运动技能动作或动作组、体能、认知能力
② 分类：
　按肌肉运动的强度不同分为：细微型操作技能、粗放型操作技能
　按操作的连续性不同分为：连续型操作技能、断续型操作技能
　按操作的控制机制的不同分为：闭合型操作技能、开放型操作技能
　按操作对象的不同分为：徒手型操作技能、器械型操作技能
③ 特点：客观性、外显性和展开性

（2）心智技能（智慧技能、智力技能）
① 概念：借助于内部语言在人脑中进行的认知活动方式
② 分类：根据适用范围不同，分为专门心智技能和一般心智技能
③ 特点：动作对象的观念性、动作执行的内潜性和动作结构的简缩性

（3）关系
① 联系：心智技能是动作技能的调节者和必要的组成成分，动作技能是心智技能形成的最初依据和外部体现的标志
② 区别：心智技能表现为内隐的思维活动，动作技能则表现为外显的肌肉骨骼的活动

3. 作用

（1）技能作为合乎规则的活动方式，可以调节和控制动作的进行
（2）技能是获得知识经验、解决问题的前提条件
（3）技能是能力的构成要素之一，是能力形成发展的重要基础

第六章 技能的形成（二）

（二）心智技能的形成与培养

1. 形成过程

（1）加里培林的五阶段理论
① 活动定向阶段：准备阶段。学生要了解活动的任务，知道做什么和怎么做，在头脑中建立起活动本身和结果的表现，对活动进行定向
② 物质活动或物质化活动阶段：指运用实物或实物的模拟品进行的教学活动
③ 有声的言语活动阶段：不依赖实物或模拟品，借助出声的外部言语活动来完成各个操作步骤
④ 无声的外部言语活动阶段：以词的声音表象、动觉表象为中介，进行智力活动
⑤ 内部言语活动阶段：外部动作转化为内在智力的最后阶段，特点是简缩和自动化

（2）安德森的三阶段理论
① 认知阶段：了解问题结构，从而形成最初的问题表征
② 联结阶段：学习者应用具体方法来解决问题，主要表现在把某一领域的描述性知识"编辑"为程序性知识
③ 自动化阶段：个体对特定程序化知识进一步深入加工和协调

（3）冯忠良的三阶段理论
① 原型定向阶段：主要任务是使学生了解所要学习的心智技能的实践模式
② 原型操作阶段：学生依据心智技能的实践模式，以外显的物质与物质化操作方式，执行头脑中建立的活动程序和计划
③ 原型内化阶段：心智活动的实践模式从外部言语开始转向内部言语，最终向头脑内部转化，达到活动方式定型化、简缩化和自动化

2. 培养方法
① 形成条件化知识；② 促进产生式知识的自动化；③ 加强学生语言表达训练；④ 运用正反例子；⑤ 科学地进行练习；⑥ 分阶段进行培养

（三）操作技能的形成与训练

1. 形成过程
（1）认知阶段：从传授者角度看，主要是讲解与示范；从学习者看，主要是理解学习任务，形成目标表象和目标期望
（2）分解阶段：传授者把整套动作分解成若干局部动作，学习者则初步尝试，逐个学习
（3）联系定位阶段：使适当的刺激与反应形成联系而固定下来，整套动作成为整体，变成固定程序式的反应系统
（4）自动化阶段：各个动作达到自动化，整个程序的完成不需注意和纠正，但达到该水平需经过长期的实践

2. 训练要求★
（1）指导与示范：①掌握相关知识；②明确练习目的和要求；③形成正确动作映象；④获得一定学习策略
（2）必要而适当的练习：①练习曲线（成绩逐步提高、高原现象、成绩起伏现象、学生个别差异）；②练习方式；③练习时间
（3）充分有效的反馈：①结果反馈；②情境反馈；③分情况反馈；④内在动觉反馈
（4）情感和态度上的接受：如果学习者对技能本身没有明确的目标，没有积极的接纳态度，就难以发生主动的学习

第七章 学习策略及其教学（一）

（一）学习策略的概念与结构

1. **概念**★★：学习者为提高学习的效果和效率，有目的、有意识地制定有关学习过程的复杂方案。具有主动性、有效性、过程性和程序性四个特点

2. **结构**
   - （1）温斯坦的分类：①认知信息加工策略；②积极学习策略；③辅助性策略；④元认知策略
   - （2）丹瑟洛的分类
     - ①基本策略：直接操作课本材料，包括获得和存储信息的策略、提取和使用存储信息的策略
     - ②辅助性策略：维持合适的进行学习的心理状态，包括计划和时间安排、专心管理和监控与诊断
   - （3）迈克卡的分类
     - ①认知策略：包括复述策略、精细加工策略和组织策略
     - ②元认知策略：包括计划策略、监察策略和调节策略
     - ③资源管理策略：包括时间管理、学习环境管理、努力管理和学业求助管理

3. **意义**：①是学会学习的必然要求；②是主体性教学的要求；③能够有效提高学习的质量

（二）认知策略及其教学★

1. **注意策略**
   - （1）概念：保证学习者将注意力指向和集中于学习材料的策略
   - （2）教学
     - ①教师有意识地培养学生区别重要信息与次要信息的能力
     - ②教给学生专注于重要信息的策略
     - ③以问题为导向，引导学习者对重要信息加以注意
     - ④巧妙运用刺激物的特点，吸引选择性注意

2. **精细加工策略**
   - （1）概念：通过对学习材料的精细加工，把新信息与头脑中的旧信息联系起来，帮助学习者增进对新知识的理解，并把信息储存到长时记忆中的学习策略
   - （2）方法
     - ①记忆术：包括位置记忆法、首字联词法、谐音联想法、琴栓—单词法、关键词法、视觉想象法
     - ②灵活处理信息：包括意义识记、主动应用、利用背景知识
   - （3）教学
     - ①给学生适当时间，让学生思考；②充分运用学生原有的知识
     - ③向学生介绍一些精细加工的实例，让学生掌握精细加工的方法；④及时反馈评价

3. **复述策略**
   - （1）概念：在工作记忆中为保持信息，运用内部语言在大脑中重现学习材料或刺激，以便将注意力维持在学习材料之上的学习策略
   - （2）方法：①利用记忆规律；②合理复习；③自动化；④亲自参与；⑤情境相似性和情绪生理状态相似性；⑥心理倾向、态度和兴趣
   - （3）教学
     - ①经常要求学生复述，培养学生的复述习惯
     - ②通过多种方式发展学生的复述能力
     - ③对学生的复述给予引导，使学生通过理解材料来记忆，而不是死记硬背

4. **编码与组织策略**
   - （1）概念：将分散的、孤立的知识集合成整体并表示出它们之间关系的策略
   - （2）方法
     - ①列提纲：以简要的语词写下主要和次要的观点
     - ②做图解：包括系统结构图、概念关系图、运用理论模型
     - ③做表格：对于复杂的信息，采用各种形式的表格，促进对信息的记忆和理解
   - （3）教学
     - ①教给学生组织材料的步骤；②培养学生的概括能力，教给学生概括的方法
     - ③给学生提供更多的运用组织策略的练习或机会；④注意理论与实践相结合

第四部分 教育心理学

第七章 学习策略及其教学（二）

（三）元认知策略及其教学 ★★

1. 元认知及其作用
- （1）概念：是<u>对认知的认知</u>，是个人自己认知过程的知识和调节这些过程的能力，是对思维和学习活动的认知和控制
- （2）作用
  - ① 可以提高学生对学习目标的意识水平
  - ② 可以使学生意识和体验到学习情境有哪些变量，以及这些变量间的关系与变化情况
  - ③ 元认知是学习策略迁移的关键

2. 元认知策略
- （1）概念：对信息加工流程进行控制的策略
- （2）种类
  - ① 计划策略
  - ② 监察策略
  - ③ 调节策略

3. 元认知策略的教学
- （1）教给学生元认知知识
- （2）丰富学生元认知体验
- （3）经常给学生提供反馈的机会
- （4）指导学生调节和监控自己的学习过程

（四）资源管理策略及其教学

1. 概念
资源管理策略是<u>辅助学生管理可用环境</u>和<u>资源</u>的策略

2. 分类

- （1）时间管理策略：通过一定方法合理安排时间、有效利用学习资源的策略。包括<u>计划时间</u>策略、<u>最优时间</u>策略和<u>化零为整</u>策略

- （2）努力管理策略：为维持和促进意志努力，而对自己的学习兴趣、态度、情绪状态等心理因素进行<u>约束</u>和<u>调整</u>，实现学习目标的策略。包括<u>归因于努力</u>、<u>调整心境</u>、意志控制和<u>自我强化</u>等策略

- （3）学业求助策略
  - ① 概念：当学生在学习上遇到困难时向他人请求帮助的行为，是重要的<u>社会支持管理策略</u>
  - ② 类型：奈尔森—黎高按照求助者的目的将学业求助分为<u>执行性求助</u>和<u>工具性求助</u>
  - ③ 影响因素：学业求助者的态度；学习者的归因；过去习得经验的影响；难以识别该策略的运用条件
  - ④ 过程：意识到求助的需要；决定求助；识别和选择潜在的帮助者；取得帮助；评价反应
  - ⑤ 教学：
    - 教会学生正确看待学业求助
    - 注意发展学生学业求助能力
    - 要求学生采用工具性求助
    - 注意营造一种良好的社会性学习环境
    - 强调元认知策略

第八章 问题解决能力与创造性的培养（一）

（一）有关能力的基本理论 ★★

1. 传统智力理论

（1）二因素论：由斯皮尔曼提出，认为智力包括两种潜在因素：一般因素（G因素）和特殊因素（S因素）

（2）群因素论：由瑟斯顿提出，认为人类智力由七种主要因素（或称心理能力）组合而成：① 语词理解能力（V）；② 一般推理能力（R）；③ 语言流畅性（W）；④ 计算能力（N）；⑤ 记忆能力（M）；⑥ 空间关系（S）；⑦ 知觉速度（P）

（3）流体智力与晶体智力理论：由卡特尔等人提出，认为流体智力指基本与文化无关的、非言语的心智能力；晶体智力指应用从社会文化中习得的解决问题的方法的能力，是在实践中形成的能力

（4）智力结构理论
① 吉尔福特的三维智力模型：否认一般因素的存在，坚持智力因素的独立性，认为智力结构的分析应考虑智力活动的内容、操作和产品三个维度
② 阜南的智力层次结构模型：把智力因素分为四个层次：最高层次是智力的一般因素（G因素）；第二层次为大因素群，即言语和教育方面的因素、机械和操作方面的因素；第三层次为小因素群，包括言语理解、数量、机械信息、空间能力和手工操作等；第四层次为特殊因素（S因素）

2. 多元智力理论

（1）加德纳认为，智力应该是在某一特定文化情境或社群中所展现出的解决问题或制作生产的能力

（2）八种智能
① 语言智能：对声音、节奏、单词的意思和语言具有不同功能的敏感性
② 逻辑—数字智能：能有效运用数字、推理和假设
③ 空间智能：能以三维空间的方式思考，准确感觉视觉空间，并把所感知到的表现出来，对色彩、线条、形状及空间关系敏锐
④ 肢体—动觉智能：能运用身体表达想法和感觉，能灵活运用双手灵巧地生产或改造事物
⑤ 音乐智能：能辨别、改变、欣赏、表达或创作音乐
⑥ 人际智能：善于觉察并区分他人情绪、动机、意向及感觉，能有效与人交往
⑦ 内省智能：能正确建构自我，知道如何利用这些意识察觉做出适当行为，并规划、引导自己的人生
⑧ 自然观察智能：具备对生物分辨观察力及对自然景物敏锐的注意力

3. 成功智力理论

斯滕伯格认为，传统智力概念仅关注学业方面过于狭窄，智力应与真实世界的成功相联系，应能解释生活中的各种成功，即成功智力

（1）三种基本成分：① 分析性智力；② 创造性智力；③ 实践性智力

（2）四个方面的内涵
① 应在一个人的社会文化背景内，按照个人标准，根据在生活中取得成功的能力定义智力
② 个体取得成功的能力依赖利用自己的长处和改正或弥补自己的不足
③ 成功是通过三方面智力的平衡获得的，包括分析性智力、创造性智力和实践性智力
④ 智力平衡是实现适应、塑造和选择环境的目标，而不仅是传统智力所强调的对环境的适应

第四部分 教育心理学

第八章 问题解决能力与创造性的培养（二）

（二）问题解决的实质与过程 ★

1. 内涵
（1）问题：个体想做某件事，但不能马上知道完成这件事所需采取的一系列行动。包括三种成分：给定信息、目标和障碍

（2）问题解决：指个体在面临问题情境而没有现成方法可利用时，将已知情境转化为目标情境的认知过程

（3）问题解决的共同特点：① 所解决的是新问题；② 问题解决中，个体要把掌握的规则重新组合，形成高级规则，以适用于当前问题；③ 问题一旦解决，个体的能力或倾向会随之发生变化

2. 心理过程
（1）发现问题阶段

（2）理解和表征问题阶段：① 识别有效信息；② 理解信息含义；③ 整体表征；④ 问题归类

（3）寻求解答阶段：① 算法式；② 启发式：手段—目的分析法、逆向反推法、爬山法和类比思维法

（4）执行计划或尝试某种解答阶段

（5）评价阶段

（三）问题解决能力的培养 ★★★

1. 影响因素
（1）问题的刺激特点

（2）知识经验

（3）个体的智能与动机

（4）问题情境与表征方式

（5）思维定势与功能固着

（6）原型启发与酝酿效应

2. 有效问题解决者的特征
（1）在擅长的领域表现突出

（2）以较大的单元加工信息

（3）能迅速处理有意义的信息

（4）能在短时记忆和长时记忆中保持大量信息，形成高度自动化的观念和行动

（5）能以深层方式表征问题，把注意力放在问题的基本结构上

（6）愿意花时间分析问题，也会使用到一些复杂的分析策略去确认和表征问题

（7）能很好地监视自己的操作，在解题过程中更可能迅速抛弃不恰当的解决方法

3. 培养措施
（1）问题解决能力培养与学科知识教学有机结合，形成知识结构体系

（2）问题的难度要适当，注重对结构不良问题的训练

（3）分析问题的构成，帮助学生正确地表征问题

（4）强调一般思维方法和具体问题解决技能结合，养成分析问题和策略性思维习惯

（5）加强对解决问题的态度训练，培养和激发主动提出问题和解决问题的内在动机

第八章 问题解决能力与创造性的培养（三）

（四）创造性及其培养 ★★★

1. 内涵
- （1）能力观：把创造性看成发现新联系、产生不寻常观念和背离传统思维方式的一种能力
- （2）过程观：依据创造活动的发展进程和个体创造活动的认知过程，沃拉斯把创造过程分为准备、酝酿、分析、验证四个阶段
- （3）人格说：创造性的本质在于个体在创造活动中表现出来的不同于一般的某种人格特征
- （4）产品观：创造产品在一定程度上体现了主体的创造过程，反映了主体的创造性品质

创造性是个体利用一定内外条件，产生新颖、独特、有社会和个人价值产品的心理特性

2. 与智力的关系
- （1）高创造力者，智商一定很高
- （2）低创造力者，智商可高可低
- （3）高智商者，创造力可高可低
- （4）低智商者，创造力一定低

3. 心理结构
- （1）创造性认知品质
  - ①创造性想象
  - ②创造性思维：流畅性、变通性、独特性、综合性和突发性
  - ③创造性认知策略
- （2）创造性人格品质
  - ①创造性动力特征：外部动机和内部动机
  - ②创造性情意特征：创造性情感和创造性意志
  - ③创造性人格特质
- （3）创造性适应品质：具体表现为创造的行为习惯、创造策略和创造技法的掌握运用等

4. 影响因素
- （1）生理基础
- （2）知识经验
- （3）社会文化和教育观念
- （4）个人心态、人格特征和认知习惯

5. 培养措施
- （1）营造鼓励创造的环境
- （2）培养创造型的教师队伍
- （3）培养创造意识，激发创造动机
- （4）开设创造性课程，教给创造技法
- （5）发展和培养创造性思维
- （6）塑造创造性人格

第四部分 教育心理学

第九章 社会规范学习与品德发展（一）

（一）社会规范学习与品德发展的实质

1. 社会规范学习的含义与特点
- （1）含义：指个体接受社会规范，内化社会价值，将外在行为要求内化为自己的行为需求，从而构建主体内部社会行为调节机制的过程，即社会规范的内化过程
- （2）特点：①情感性；②约束性；③延迟性

2. 品德发展的实质
- 品德（道德品质）：指个人依据一定的道德行为准则行动时形成和表现出来的某些稳固的特征，包括道德认知、道德情感和道德行为三种基本心理成分
- （1）品德发展是个体的品德心理结构的形成和不断完善，也是品德各构成因素的不断协调发展
- （2）随着个体年龄增长，品德发展表现出阶段性特点
- （3）品德发展是个体对社会规范的学习和内化过程
- （4）品德发展过程是个体不断社会化的过程

（二）社会规范学习的心理过程★

1. 遵从
- （1）含义：行为主体对别人或团体提出的某种行为要求的依据或必要性缺乏认识，甚至有抵触的认识和情绪时，既不违背也不反抗，仍然遵照执行的一种遵从现象
- （2）类型：从众和服从
- （3）特点：①盲目性；②被动性；③工具性；④情境性
- （4）影响因素：①群体特征；②外界压力；③个体特征

2. 认同
- （1）含义：认同作为社会规范的一种较高接受水平，指行为主体在认识、情感和行为上与规范趋于一致，从而产生自愿规范的遵从现象；是个体接受社会规范、确立自觉态度、形成品德的关键期
- （2）类型：①偶像认同；②价值认同
- （3）特点：①自觉性；②主动性；③稳定性
- （4）影响因素：①榜样的特点；②规范本身的特性；③强化方式

3. 内化
- （1）含义：是规范的一种高级接受水平或高度遵从态度，是品德形成的最高阶段。它指主体随着对规范认识的概括化和系统化，以及对规范化体验的逐步积累与深化，最终形成一种价值信念作为个体规范行为的驱动力
- （2）特点：①高度自觉性；②高度主动性；③坚定性（稳定性）；④社会需求性
- （3）影响因素：①对社会规范价值的认识；②社会规范价值的情绪（情感）体验

第九章 社会规范学习与品德发展（二）

（三）品德的形成过程及培养 ★

1. 影响品德形成的因素
- （1）外部因素：①家庭环境；②社会环境（社会化）；③学校集体
- （2）内部因素：①道德认识；②个性品质；③适应能力；④自身的智力水平

2. 道德认知
- （1）含义：是品德结构中的引导性要素，是社会道德要求转化为个体内在品质的首要环节，是道德品质形成的基础和前提；包括道德知识的掌握、道德评价能力的发展和道德信念的产生三个环节
- （2）发展理论：①皮亚杰的道德认知发展论；②科尔伯格道德发展阶段论（详见本部分内容第二章）
- （3）培养方法：①言语说服；②小组讨论法；③认知冲突法；④道德概念分析

3. 道德情感
- （1）含义：人们根据社会的道德准则去处理相互关系和评价自己或他人言行时所体验到的情感
- (2）发展理论及培养：①人本主义情感取向的道德教育理论；②移情及其训练

4. 道德行为
- （1）含义：个人在一定道德认识指引和道德情感激励下，表现出的对他人和社会所履行的具有道德意义的行动。道德行为是衡量个体道德品质的重要标志
- （2）发展理论：①斯金纳的新行为主义品德理论；②班杜拉的道德行为形成理论
- （3）培养方法：①里康的四成分道德发展模型：自尊、合作学习、自我道德反省、参与制定决策；②群体约定；③道德自律

（四）品德不良及其矫正 ★★

1. 含义与类型
- （1）含义：指经常发生的违反道德准则的行为或为了达到个人目的而违背道德规范，有较严重的道德过错，甚至处于违法犯罪边缘的行为
- （2）类型：①作弊行为；②诚信及文明礼仪缺失；③责任意识淡薄

2. 成因分析
- （1）客观原因：①家庭方面；②学校方面；③社会方面
- （2）主观原因：①错误的道德认识；②异常的情感表现；③明显的意志薄弱；④不良习惯的支配；⑤某些性格缺陷；⑥某些需要未满足

3. 纠正
- （1）提高道德认知，消除意义障碍
- （2）注重移情体验，消除情感障碍
- （3）锻炼意志力，消除习惯惰性障碍
- （4）关注情感需求，杜绝简单粗暴的教育行为
- （5）家庭、学校、社会全方面配合

第十章 心理健康及其教育

(一) 心理健康概述 ★

1. 心理健康的实质、标准
（1）实质：一种良好而持续的心理状态和过程，表现为个人具有生命的活力、积极的内心体验、良好的社会适应，并能有效发挥个人身心潜能和积极的社会功能

（2）判断依据：①临床模式；②统计常模；③社会常模；④生活适应；⑤心理成熟；⑥主观感受

（3）标准：
- ①马斯洛：充分自我实现的人
- ②中国传统文化：适应良好的人
- ③现代标准：适应与发展和谐统一的人

2. 中小学生常见心理健康问题
（1）学习问题
（2）人际关系问题
（3）学校生活适应问题
（4）自我概念问题
（5）与青春期性心理有关的问题

3. 心理健康与心理素质的关系
（1）从根本上说，都是人的心理现象，但心理素质是一种稳定的心理品质，心理健康是一种良好的心理状态

（2）从心理素质的功能看，心理素质的高低和心理健康的水平有直接关系，心理健康是心理素质健全的功能状态和外显标志之一

（3）从心理测量和评定的角度看，心理素质和心理健康的测量分别包含双方的许多指标与成分

（4）从心理素质的内容要素与功能作用的统一性意义看，心理健康是心理素质的表现层面，即功能性层面

（5）从总体上看，心理素质和心理健康是"本"与"标"的关系

(二) 青少年心理健康教育的目标与内容

1. 目标
（1）总体目标：解决学生的心理问题，提高全体学生心理素质，充分开发潜能，培养学生乐观、向上的心理品质，促进人格的健全发展

（2）具体目标：
- ①正确认识自我，增强调控自我、承受挫折、适应环境的能力
- ②培养健全人格和良好的个性心理品质
- ③为有心理困扰或心理障碍的学生提供科学有效的心理咨询和辅导，使他们摆脱障碍，调节自我，提高心理健康水平，增强自我教育能力

（3）主要任务：
- ①全面推进素质教育，增强学校德育工作的针对性、实效性和主动性
- ②帮助学生树立出现心理行为问题时的求助意识，促进其形成健康的心理素质
- ③培养身心健康，具有创新精神和实践能力的"四有"新人

2. 内容
普及心理健康基本知识，树立心理健康意识，了解心理调节方法，认识心理异常现象，以及初步掌握心理保健常识，其重点是学会学习、人际交往、升学择业以及生活和社会适应等方面的常识

(三) 青少年心理健康教育的途径与方法 ★

1. 途径：①专题训练；②咨询与辅导；③学科渗透

2. 方法：认知法、游戏法、测验法、交流法、讨论法、角色扮演法、行为改变法、实践操作法

参 考 文 献

[1] 王道俊，郭文安 . 教育学（第七版）[M]. 北京：人民教育出版社，2016.

[2] 王道俊，郭文安 . 教育学（第六版）[M]. 北京：人民教育出版社，2009.

[3] 全国十二所重点师范大学联合编写 . 教育学基础（第 3 版）[M]. 北京：教育科学出版社，2014.

[4] 靳玉乐 . 现代教育学（2015 年修订本）[M]. 成都：四川教育出版社，2015.

[5] 冯建军 . 现代教育学基础 [M]. 南京：南京师范大学出版社，2007.

[6]《教育学原理》编写组 . 教育学原理 [M]. 北京：高等教育出版社，2019.

[7] 孙俊三，雷小波 . 教育原理 [M]. 长沙：湖南教育出版社，2007.

[8] 刘铁芳 . 学校教育学 [M]. 北京：教育科学出版社，2011.

[9] 朱德全，易连云 . 教育学概论 [M]. 重庆：西南师范大学出版社，2007.

[10] 柳海民 . 现代教育原理 [M]. 北京：人民教育出版社，2006.

[11] 黄济，王策三 . 现代教育论（第三版）[M]. 北京：人民教育出版社，2014.

[12] 王道俊，王汉澜 . 教育学：新编本 [M]. 北京：人民教育出版社，1999.

[13] 袁振国 . 当代教育学（第 4 版）[M]. 北京：教育科学出版社，2010.

[14] 孙培青 . 中国教育史（第四版）[M]. 上海：华东师范大学出版社，2019.

[15] 孙培青 . 中国教育史（第三版）[M]. 上海：华东师范大学出版社，2008.

[16] 孙培青 . 中国教育史（修订版）[M]. 上海：华东师范大学出版社，2000.

[17] 孙培青 . 中国教育简史 [M]. 北京：中国人民大学出版社，2021.

[18] 王炳照，郭齐家，等 . 简明中国教育史 [M]. 北京：北京师范大学出版社，2007.

[19] 张传燧 . 中国教育史 [M]. 北京：高等教育出版社，2010.

[20] 刘垚玥，卢致俊．中外教育简史 [M]．北京：中国人民大学出版社，2012．

[21] 吴艳茹，杜海燕，等．中外教育史 [M]．北京：北京师范大学出版社，2015．

[22] 杜成宪，王保星．中外教育简史（上、下）[M]．北京：北京师范大学出版社，2015．

[23] 吴式颖，李明德．外国教育史教程（第三版）[M]．北京：人民教育出版社，2015．

[24] 吴式颖．外国教育史教程：缩编本 [M]．北京：人民教育出版社，2002．

[25] 张斌贤．外国教育史（第 2 版）[M]．北京：教育科学出版社，2015．

[26] 张斌贤．外国教育史 [M]．北京：教育科学出版社，2008．

[27] 周采．外国教育史 [M]．上海：华东师范大学出版社，2008．

[28] 王天一．外国教育史（修订本）[M]．北京：北京师范大学出版社，2005．

[29] 贺国庆，于洪波，朱文富．外国教育史 [M]．北京：高等教育出版社，2009．

[30] 陈琦，刘儒德．教育心理学 [M]．北京：高等教育出版社，2005．

[31] 陈琦，刘儒德．教育心理学（第 3 版）[M]．北京：高等教育出版社，2020．

[32] 陈琦，刘儒德．教育心理学（第 2 版）[M]．北京：高等教育出版社，2011．

[33] 陈琦，刘儒德．当代教育心理学（第 3 版）[M]．北京：北京师范大学出版社，2019．

[34] 陈琦，刘儒德．当代教育心理学（第 2 版）[M]．北京：北京师范大学出版社，2007．

[35] 张大均．教育心理学（第三版）[M]．北京：人民教育出版社，2015．

[36] 冯忠良，伍新春，姚梅林，等．教育心理学（第三版）[M]．北京：人民教育出版社，2015．

[37] 燕良轼．教育心理学 [M]．武汉：武汉大学出版社，2010．

[38] 汪凤炎，燕良轼，郑红．教育心理学新编（第四版）[M]．广州：暨南大学出版社，2016．

[39] 燕良轼．教育心理学：理论、实践与应用 [M]．杭州：浙江教育出版社，2016．

[40] 莫雷，全国十二所重点师范大学联合编写．教育心理学 [M]．北京：教育科学出版社，2007．